会話がつづく！
英語トピックスピーキング

松本 茂 監修

Story
① 英語ではじめよう！編

Z会

はしがき ——新シリーズ刊行にあたり——

「TOEIC® テストでは点数が伸びているのにスピーキングの力がつかない」
「英会話教室に通っているんだけど，話せるようになっている気がしない」
「職場で英語を使わなければいけない機会が増えてきたけど，自信がない」
「スピーキング力をあげる勉強法がわからない」

　こんな方々のために開発されたのが本シリーズです。
　英語教育の専門家の間でもスピーキングの指導は難しいとされています。
　同じスピーキングでも，スピーチやプレゼンテーションのような場合は，話の内容を事前に決めて，原稿を書いて，何度も練習することが可能ですが，会話はそうはいかないので，指導が難しいのです。
　しかし，「会話くらいはできるようになりたい」と思っている方がたくさんいらっしゃることも事実です。
　そこで，『速読速聴・英単語』シリーズで培ったノウハウを生かし，スピーキング力を重点的に強化する教材として完成させたのが本シリーズです。その特徴をひと口で言えば，「トピック主義」です。
　会話によく登場するトピックを厳選し，それに焦点をあて，一つのトピックにつき4ユニットを使ってスピーキング力を強化します。本書に出てくるトピックで，会話がつづけられるようになるよう設計されています。
　それぞれのトピックを語る上で必要な基本文型と語句を厳選し，まずはモノローグで1分間ほど語れるようにします。その上で，自分を語る際に必要な関連語句をその文型に当てはめられるように練習します。
　その後，モノローグの内容をベースに，簡単なやり取りを想定して練習を行い，質問にも答えられるようにします。そして，最後に会話練習で仕上げをします。
　本書を使って一人でも多くの方が，たじろがずに，会話がつづくことを実感されることを願っております。

松本　茂

CONTENTS

はしがき 3
本書の構成と活用法 6

Topic 1　自己紹介

Unit 1　**I work for Dream Travel Agency.** 12
　　　　私はドリーム旅行代理店に勤めています。

Unit 2　**The morning rush hour is awful.** 20
　　　　朝のラッシュアワーはひどいものです。

Unit 3　**I was born and raised in Osaka.** 28
　　　　生まれも育ちも大阪です。

Unit 4　**I like discovering new restaurants.** 36
　　　　新しいレストランを見つけるのが好きです。

英語スピーキング講座①　「会話くらい」は… 44

Topic 2　家族・友人・同僚

Unit 5　**I got my love for sake from my mother.** 46
　　　　私の日本酒好きは，母からきているんですよ。

Unit 6　**My brother is a floral designer.** 54
　　　　私の兄は，フラワーデザイナーをしています。

Unit 7　**Sara and I hit it off immediately!** 62
　　　　サラと私はすぐに意気投合したんです！

Unit 8　**I respect my boss, Ms. Okuda.** 70
　　　　上司の奥田さんを尊敬しています。

英語スピーキング講座②　なぜ会話についていけないのか 78

Topic 3　食事

Unit 9　**I hope he says yes to my invitation.** 80
　　　　イエスと言ってくれますように。

Unit 10　**I cook for myself every day.** 88
　　　　私は毎日自炊しています。

Unit 11	I practiced making sushi rolls with Sara.	96
	サラと巻き寿司の練習をしました。	
Unit 12	There's an izakaya I sometimes go to.	104
	私が時々行く居酒屋さんがあります。	

英語スピーキング講座③　会話をリードするには… ……………… 112

Topic 4　旅行

Unit 13	Thomas and I are on our way to Osaka.	114
	トーマスと私は，大阪に向かっています。	
Unit 14	I should never schedule a trip during the typhoon season.	122
	台風の季節に，旅行の予定を入れるべきじゃないって。	
Unit 15	I've visited eighteen countries so far.	130
	私はこれまでに 18 カ国を訪れたことがあります。	
Unit 16	I had a horrible experience in Morocco.	138
	モロッコではひどい経験をしました。	

英語スピーキング講座④　まずは音読から ……………… 146

Topic 5　恋愛・将来

Unit 17	I want to look nice for him.	148
	彼のためにきれいにして行きたい。	
Unit 18	Fasion is just not my thing.	156
	ファッションってとにかく私の得意分野じゃないんです。	
Unit 19	Time really flies.	164
	時が経つのは本当に速いわ。	
Unit 20	I couldn't give up my dreams without trying.	172
	挑戦せずに夢をあきらめることはできなかった。	

英語スピーキング講座⑤　会話は将棋や囲碁と同じ ……………… 180

INDEX ……………… 181

本書の構成と活用法

本書は，会話にきわめてよく登場する5つのトピックから構成されています。各トピックにつき，4 Units が用意されており，ストーリーを楽しく追いながらトピックに関連する表現や語彙を学習することができます。さらに，「話す力」を段階的に高めるため，各 Unit は3つの STEP から構成されています。ここでは，それぞれの STEP を詳しく紹介します。

STEP 1 ②③　Unit で扱うトピックについて，相手に伝えたい内容をモノローグとしてまとめています。まずはこのモデルを，音声ファイルを活用して音読してください。

❶ **CAN-DO**：この Unit の学習の目標がまとめられています。学習を始める前に確認しましょう。

❷ **音声ファイル番号**：STEP 1 と STEP 3 はナチュラルスピード，STEP 2 はややゆっくりめのスピードで録音してあります。（音声のダウンロード方法については，p.8 で詳しく説明しています）

❸ **英文**：STEP 1 の英文は 70 ～ 90 語程度の英語で書かれています。音声ファイルも活用しながら，何度も繰り返し音読しましょう。

❹ **Words**：英文中に登場する，意味を確認しておきたい重要単語を取り上げています。
（Words は STEP 2，STEP 3 にも登場します）

本書の構成と活用法

STEP 1 では，1つの Unit につき2つの文を Key Phrase として取り上げています。表現についての解説のほかに，Topic Words のコーナーではトピックに関連した語句をあわせて学習することができます。

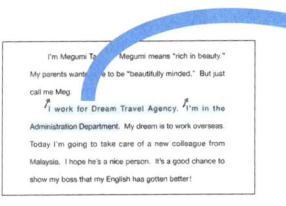
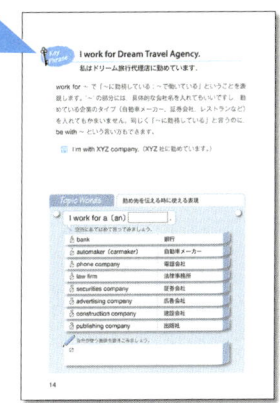

空所のある例文が与えられている場合は，空所に下の単語を当てはめながら表現を学びましょう。一番下にはあなた自身にあてはまる単語を書き込める欄を設けています。辞書などを参考に，自分自身のことが話せるようになる語句のストックを増やしていきましょう！

STEP 2 STEP 1 でまとめた内容を，一問一答の短い対話で練習しましょう。STEP 1 のモノローグに基づき質問に答える力をつけます。

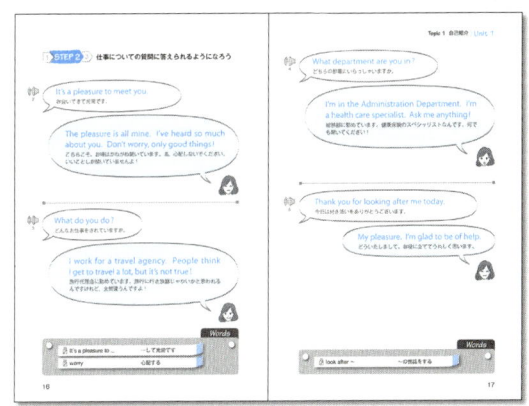

1 2 **STEP 3** STEP 3はモデル会話です。音声ファイルを活用して声に出して何度も練習をしましょう。できれば誰かに練習相手になってもらってください。そのあとは,自分に合うように会話の語句を変えて発展的な練習をするとよいでしょう。

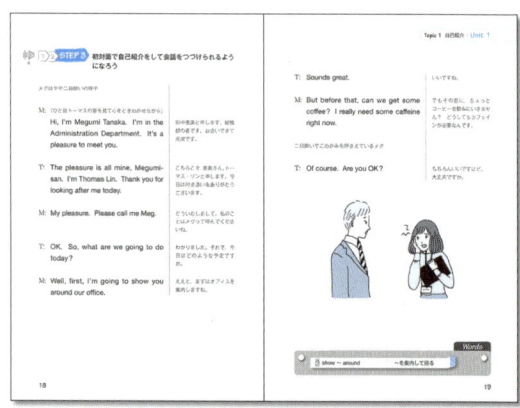

音声ファイルについて

以下のURLから,各STEPの音声ファイル(mp3)をダウンロードすることができます。音声ファイル番号は, のマークで確認することができます。

『トピックスピーキング』特設サイト
　　　http://www.zkai.co.jp/books/topics/

※ダウンロードにはユーザー登録が必要です。

主な登場人物

この書籍は,以下の3名を中心にストーリーが展開されます。登場人物の心の変化や成長にも注目しながら,楽しく学習してください。

田中恵美(メグ)
大阪出身の29歳。海外勤務が夢。仕事でもプライベートでも前向きにトライ!

Thomas Lin(トーマス)
メグの同僚の中国系マレーシア人。転勤でメグと同じ東京の支社に勤めることに。

Sara Chan(サラ)
メグの親友。香港出身で,大学時代に日本へ。メグにとって,何でも話せる頼れる相談相手。

本書の構成と活用法

『トピックスピーキング』を使ったスピーキングレッスンが開講！

本書と音声ファイルで学んだら，実際に使ってみると英語スピーキング力がさらにアップします。「本書で学んだことをもとに，実際に英語で話してみたい」という方に向けて，本書に対応したスピーキングのレッスンを以下の２カ所で開講しています。

● 『トピックスピーキング』 × 教室レッスン

シェーン英会話にて，オリジナル教材を使用した本書に関連するトピックのネイティブ講師によるスピーキングレッスンを開講中です。
実施教室・授業の日時などの詳細については，『トピックスピーキング』特設サイトにてご確認ください。

● 『トピックスピーキング』 × オンラインレッスン

Best Teacher（ベストティーチャー）にて，本書に対応したオンラインでのレッスンを開講中です。Best Teacher では，まずライティングレッスンにより，自分だけのスクリプトを作り上げてから，その会話文をもとにスピーキングレッスンを行います。
（書籍購入者かつ Best Teacher 有料会員の限定サービスです。お申し込みには，キャンペーンコード **btzca** を入力してください。 ※コード入力期限：2015年3月9日まで）

ライティングレッスン イメージ ▶

Best Teacher に関するお問い合わせ先

http://www.best-teacher-inc.com/company/inquiry

各レッスンの詳細は 『トピックスピーキング』 特設サイト
http://www.zkai.co.jp/books/topics/

※サイトのご利用にはユーザー登録が必要です。

『トピックスピーキング Story 1』 CAN-DO 一覧

各 Unit を学ぶことで英語で何ができるようになるのかという、「学習成果」を想定・設定してあります。ほぼできるようになったと思ったら、☑ にチェックしましょう。

Unit 1	☑自分の職業・所属が言える	☑お礼の言葉に対して返答できる
Unit 2	☑居住地や通勤について説明できる	☑生活環境について情報交換できる
Unit 3	☑出身地や夢について説明できる	☑現在の仕事とキャリアについて話をつづけられる
Unit 4	☑余暇やストレス解消法について説明できる	☑自分がはまっていることについて話をつづけられる
Unit 5	☑両親について説明できる	☑異性との出会いについて話を発展できる
Unit 6	☑兄弟（姉妹）について紹介できる	☑兄弟（姉妹）の長所について会話をつづけられる
Unit 7	☑友達について語れる	☑友達と出会った時のことについて思い出話ができる
Unit 8	☑同僚について語れる	☑仕事の状況について語れる
Unit 9	☑自宅での食事に招待できる	☑相手の反応を確かめながら誘える
Unit 10	☑料理の経験について説明できる	☑友人に助言を求めることができる
Unit 11	☑何を料理するかについて説明できる	☑メニューを説明しながら会話をつづけられる
Unit 12	☑お気に入りの店を紹介できる	☑おすすめのメニューを説明しながら会話をつづけられる
Unit 13	☑旅行の予定について説明できる	☑旅行先で相手の知らないことを詳しく教えられる
Unit 14	☑旅行の苦い思い出について語れる	☑印象的なエピソードを入れて，思い出話を盛り上げられる
Unit 15	☑最高だった旅行の思い出について語れる	☑一番気に入った旅行地のことをおもしろく伝えられる
Unit 16	☑旅行先でのトラブルについて語れる	☑旅行先でのトラブルの詳細について語れる
Unit 17	☑デートについて説明できる	☑初デートに関してアドバイスをもらうことができる
Unit 18	☑ファッションの好みについて話ができる	☑服の好みを伝えながら，買い物の会話をつづけられる
Unit 19	☑将来の展望について話ができる	☑相手に配慮しながら，大切な話を切り出すことができる
Unit 20	☑自分が決断したことについて説明できる	☑恋人と離ればなれになる時に気持ちを伝え合うことができる

Topic 1

自己紹介

Unit 1　自己紹介
I work for Dream Travel Agency.

私はドリーム旅行代理店に勤めています。

STEP 1　2　3　自己紹介で伝えたいことをまとめよう

メグはマレーシア支店からやってくる新しい同僚の案内役を務めることに

I'm Megumi Tanaka. Megumi means "rich in beauty." My parents wanted me to be "beautifully minded." But just call me Meg.

I work for Dream Travel Agency. I'm in the Administration Department. My dream is to work overseas. Today I'm going to take care of a new colleague from Malaysia. I hope he's a nice person. It's a good chance to show my boss that my English has gotten better!

- ☑ 自分の職業・所属が言える
- ☑ お礼の言葉に対して返答できる

　田中恵美と申します。恵美には「美しさに恵まれている〔とても美しい〕」という意味があるんです。両親は私に「心が美しい人」になってほしかったんですね。私のことはメグって呼んでください。

　私はドリーム旅行代理店に勤めています。総務部勤務です。私の夢は海外で働くことです。今日はマレーシア支店から来た新しい同僚の付き添いをします。彼がいい人だといいんだけれど。英語が上達したことを上司にアピールするいい機会になりそう！

Words

1 rich in ~	~に富む
2 overseas	海外で〔に〕
3 take care of ~	~の面倒を見る
4 colleague	同僚
5 boss	上司

I work for Dream Travel Agency.

私はドリーム旅行代理店に勤めています。

work for ～ で「～に勤務している；～で働いている」ということを表現します。'～' の部分には，具体的な会社名を入れてもいいですし，勤めている企業のタイプ（自動車メーカー，証券会社，レストランなど）を入れてもかまいません。同じく「～に勤務している」と言うのに，be with ～ という言い方もできます。

例 I'm with XYZ company.（XYZ社に勤めています。）

Topic Words — 勤め先を伝える時に使える表現

I work for a〔an〕 _____ .

空所にあてはめて言ってみましょう。

6 bank	銀行
7 automaker〔carmaker〕	自動車メーカー
8 phone company	電話会社
9 law firm	法律事務所
10 securities company	証券会社
11 advertising company	広告会社
12 construction company	建設会社
13 publishing company	出版社

自分が使う表現を書きこみましょう。

Topic 1 自己紹介 | Unit 1

I'm in the Administration Department.

総務部勤務です。

自分の部署名を言う時には，be in the ~（~に所属している）という表現を使います。「部署」にあたる語には，department, division, section などがありますが，どれを使うかは，会社や部署によってさまざまです。

Topic Words　所属部署を伝える時に使える表現

I'm in the _____ .
空所にあてはめて言ってみましょう。

14 Administration Department	総務部
15 Accounting Department	経理部
16 Finance Department	財務部
17 Sales Department	営業部
18 Public Relations Department	広報部
19 Legal (Legal Affairs) Department	法務部
20 Personnel (Human Resources) Department	人事部
21 Information Systems Department	情報システム部
22 Planning and Development Department	企画開発部

自分が使う表現を書きこみましょう。

STEP 2 仕事についての質問に答えられるようになろう

It's a pleasure to meet you.
お会いできて光栄です。

The pleasure is all mine. I've heard so much about you. Don't worry, only good things!
こちらこそ。お噂はかねがね聞いています。あ，心配しないでください。いいことしか聞いていませんよ！

What do you do?
どんなお仕事をされていますか。

I work for a travel agency. People think I get to travel a lot, but it's not true!
旅行代理店に勤めています。旅行に行き放題じゃないかと思われるんですけれど，全然違うんですよ！

Words

23	It's a pleasure to ...	…して光栄です
24	worry	心配する

Topic 1 自己紹介 | Unit 1

What department are you in?
どちらの部署にいらっしゃいますか。

I'm in the Administration Department. I'm a health care specialist. Ask me anything!
総務部に勤めています。健康保険のスペシャリストなんです。何でも聞いてください！

Thank you for looking after me today.
今日は付き添いをありがとうございます。

My pleasure. I'm glad to be of help.
どういたしまして。お役に立ててうれしく思います。

Words	
25 look after ~	~の世話をする

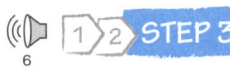 **STEP 3** 初対面で自己紹介をして会話をつづけられるようになろう

メグはやや二日酔いの様子

M: (ひと目トーマスの姿を見て心をときめかせながら)
Hi, I'm Megumi Tanaka. I'm in the Administration Department. It's a pleasure to meet you.

田中恵美と申します。総務部の者です。お会いできて光栄です。

T: The pleasure is all mine, Megumi-san. I'm Thomas Lin. Thank you for looking after me today.

こちらこそ、恵美さん。トーマス・リンと申します。今日は付き添いをありがとうございます。

M: My pleasure. Please call me Meg.

どういたしまして。私のことはメグって呼んでくださいね。

T: OK. So, what are we going to do today?

わかりました。それで、今日はどのような予定ですか。

M: Well, first, I'm going to show you around our office.

ええと、まずはオフィスを案内しますね。

Topic 1 自己紹介 | Unit 1

T: Sounds great.

いいですね。

M: But before that, can we get some coffee? I really need some caffeine right now.

でもその前に、ちょっとコーヒーを飲みにいきませんか？ どうしてもカフェインが必要なんです。

二日酔いでこめかみを押さえているメグ

T: Of course. Are you OK?

もちろんいいですけど。大丈夫ですか。

Words

| 26 show ~ around | ~を案内して回る |

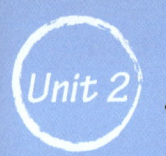

自己紹介

The morning rush hour is awful.

朝のラッシュアワーはひどいものです。

 住んでいる所や通勤について伝えたいことをまとめよう

仕事にも慣れてきた様子のトーマス
日本での暮らしはどんなふうに見えているんだろう

I live in Chiba. It takes me an hour to get to work by train. The morning rush hour is awful. The trains are crowded with frantic commuters.

I sometimes think about moving closer to my office, but living in a suburb is actually very good for me. I can get away from the hustle and bustle of the big city. Besides, I can't afford to live in Tokyo. The rent in Tokyo is outrageous.

☑ 居住地や通勤について説明できる
☑ 生活環境について情報交換できる

　私は千葉に住んでいます。職場までは電車で1時間。朝のラッシュアワーはひどいものです。電車は殺気立った通勤の人たちで大混雑しています。

　職場の近くに引っ越そうかと考える時もあるのですが，郊外に住むのは私にとってとてもいいんです。大都市の喧騒を逃れられて。それに，東京に住むのは無理。東京の賃料はとんでもなく高いですから。

Words

27	awful	大変な，ひどい
28	frantic	殺気立った
29	commuter	通勤者
30	close	近い
31	hustle and bustle	喧騒
32	besides	さらに
33	afford to ...	…するだけの余裕がある

Key Phrase: I live in Chiba.

私は千葉に住んでいます。

live in ～ は自分の住んでいる場所を言う最も基本的な表現です。in のあとには，住んでいる国，県，町などの名称だけでなく，「マンション」や「学生寮」など，住居のタイプを入れることもできます。また，質問文の形で，Do you live in an apartment？（マンション暮らしなの？）とたずねたりする際にも使えます。

Topic Words　住んでいる所を伝える時に使える表現

I live in a〔an〕_____ .

空所にあてはめて言ってみましょう。

34 apartment	賃貸マンション〔アパート〕
35 condominium〔condo〕	分譲マンション
36 house	家，一戸建て
37 student dormitory〔dorm〕	学生寮
38 hotel room	ホテルの一室
39 nursing home	老人ホーム
40 high-rise apartment	高層賃貸マンション
41 penthouse	マンションの最上階

自分が使う表現を書きこみましょう。

Topic 1 自己紹介 | Unit 2

The rent in Tokyo is outrageous.

東京の賃料はとんでもなく高いですから。

ここではメグが「東京の賃料は高すぎる」と言っています。rent は「賃料, 家賃」の意味です。in のあとに自分の住んでいる地域の名前を入れ, outrageous の部分に賃料を形容する語を入れて, 自分が住む地域や国の住宅状況を話してみましょう。in ＋地名は文末に持ってきてもよいです。

例 The rent is too high in Paris.（パリの賃料は高すぎます。）

Topic Words　値段・相場を伝える時に使える表現

The rent is ☐ .

空所にあてはめて言ってみましょう。

42 high	高い
43 expensive	高い
44 low	低い, 安い
45 cheap	安い
46 reasonable	手頃な, 適正な
47 soaring	急騰している
48 affordable	手の届く, 手頃な

自分が使う表現を書きこみましょう。

☐	

STEP 2　住んでいる所や通勤についての質問に答えられるようになろう

Where do you live?
どちらにお住まいですか。

I live in Chiba. It takes me an hour to get to work by train.
千葉に住んでいます。職場までは電車で1時間かかります。

How do you commute to work?
どのように通勤されていますか。

I commute by train. I never get a seat!
電車で通っています。座れることはまずありません！

Words

49 commute	通勤する

Topic 1 自己紹介 | Unit 2

How do you like living in a suburb?
郊外に住むのはいかがですか。

I love it! I'm not a city person.
すごく気に入ってます！　私, 都会向きじゃないので。

How's the cost of living in Tokyo?
東京の生活費はどうですか。

It's outrageous! I hear it's the second highest in the world.
すごく高いですよ！　なんでも世界で2番目に高いとか。

Words

cost of living	生活費

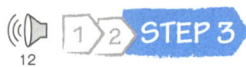

STEP 3 相手の住まいや暮らしのことも聞きながら会話をつづけられるようになろう

ランチをとりながら

M: Have you settled in yet?

（日本に越してきて）落ち着きました？

T: No. I'm still living in a hotel room. But I'm moving into a shared house on Monday.

いいえ。まだホテル住まいですよ。でも月曜日にはシェアハウスに移るんです。

M: Sounds nice. I live in Chiba because the rent in Tokyo is outrageous.

それはいいですね。私は千葉に住んでいます。東京の家賃はすごく高いから。

T: I know. It's the second highest in the world.

そうそう。世界で2番目に高いんですよね。

M: How's the cost of living in Malaysia?

マレーシアの生活費はどうなのかしら？

T: It's very reasonable. I shared an apartment with my girlfriend there, so the cost was even lower.

手頃ですよ。マレーシアでは彼女と暮らしてたから，生活費はもっと低かったし。

Topic 1 自己紹介 | Unit 2

M:（彼女がいると知って，がっかりしながら）

Oh, I see. Well… We should head back to our office now.

そ，そうなんだ。あら，そろそろオフィスに戻らないと。

T:（メグの様子には気づかずに）Oh, already?

おっと，もうそんな時間？

Words

51	settle in	落ち着く
52	share	〜を共同で使用する
53	head back to 〜	〜に戻る

Unit 3 自己紹介

I was born and raised in Osaka.

生まれも育ちも大阪です。

STEP 1 ▶ 2 ▶ 3 出身地や夢について伝えたいことをまとめよう

自分を知ってもらうのに欠かせないのは
出身地である大阪のこと，そして長年の夢のこと

I'm from Osaka. I was born and raised there. I left home when I was eighteen to attend college in Tokyo. I still remember the day I said goodbye to my family and friends. I felt sad, but I was full of hope for the future.

My dream is to work overseas. It's not going to be easy, but I'm not going to stop trying. I love this Walt Disney quote — "All our dreams can come true if we have the courage to pursue them."

- ☑ 出身地や夢について説明できる
- ☑ 現在の仕事とキャリアについて話をつづけられる

　私は大阪出身です。生まれも育ちも大阪。東京の大学に行くために，18歳の時に家を出ました。家族や友達に別れを告げた日のこと，今でも覚えています。悲しかったけれど，未来への希望に満ちていました。

　私には，海外で働くという夢があります。（夢をかなえることは）簡単ではないけれど，でもあきらめません。ウォルト・ディズニーのこの言葉が大好きです。「すべての夢はかなう。それを追い求める勇気さえあれば。」

Words

54	raise	～を育てる
55	attend	～（学校）に通う
56	remember	～を覚えている
57	be full of ～	～に満ちている
58	quote	引用，格言
59	pursue	～を追いかける

I'm from Osaka.

私は大阪出身です。

be from ～ は出身地を表す表現で，from のあとには，国，県，町などの地名を入れます。どこまで細かい地名を言うかは，話をしている相手に応じて判断するとよいでしょう。互いの出身地が同じだったり，近かったり，旅行などで訪れたことがある場所だったりすると，話が盛り上がるきっかけになりますね。Where are you from?（出身はどちらですか。）とセットで覚えておきましょう。

Topic Words — 出身地を話す時に使える表現

60 prefecture	県
61 city	市
62 prefectural capital	県庁所在地
63 sister city	姉妹都市
64 live in an urban area	都会に住む
65 live in a suburb	郊外に住む

自分が使う表現を書きこみましょう。

Topic 1 自己紹介 | Unit 3

Key Phrase: I left home when I was eighteen to attend college in Tokyo.

東京の大学に行くために，18 歳の時に家を出ました。

leave home で「家を出る」という意味です。動詞 leave は leave-left-left と変化します。この leave home という表現は，朝仕事に行くために家を出る，という場合にも使えますし，就職や結婚，または遠くの学校に行くのを機に実家を出る，といった場合にも使えます。

例 I left home when I got transferred to Kansai.
（関西に転勤になったのを機に，実家を出ました。）

Topic Words　引っ越しや住居について話す時に使える表現

66 move	引っ越す
67 move out	転居する
68 move in	入居する
69 transfer to 〜	〜に転勤する
70 transfer to a different school	転校する
71 live away from one's family	単身赴任する〔家族と離れて暮らす〕
72 live on one's own	一人暮らしをする
73 live with 〜	〜と同居する

自分が使う表現を書きこみましょう。

STEP 2　夢や生活信条について答えられるようになろう

Where are you from?
どちらのご出身ですか。

I'm from Osaka — born and raised!
大阪出身です。生まれも育ちもそうなんです！

When did you leave home?
故郷を離れたのはいつですか。

When I was eighteen. I cried after I said goodbye to my parents.
18歳の時です。両親と別れたあと，泣いてしまいました。

Words	
74 cry	泣く

Topic 1 自己紹介 | Unit 3

What's your dream?
あなたの夢は何ですか。

My dream is to work overseas. I was inspired by Sadako Ogata, who worked for the United Nations.
海外で働くことです。国連で働いていた緒方貞子さんに感銘を受けたんです。

What's your second favorite quote?
2番目に好きな言葉は何ですか。

I like this Gandhi quote — "Live as if you were to die tomorrow. Learn as if you were to live forever."
ガンジーのこの言葉が好きです。「明日死ぬかのように生き、永遠に生きるかのように学べ。」

Words

75	be inspired by ~	～に影響を受ける
76	the United Nations	国際連合
77	as if ...	…するかのように

STEP 3　出身地やキャリアについて会話をつづけられるようになろう

信号待ちをしながらおしゃべりしている2人

T: What part of Japan are you from?

日本のどちらの出身なんですか。

M: I'm from Osaka — born and raised! Have you ever been there?

大阪です。生まれも育ちも！行ったことあります？

T: No, but I'd love to go sometime.

いいえ。でもそのうち行ってみたいなあ。

M: You should! I'll show you around.

ぜひ！　私が案内するわ。

T: That'd be great. So, when did you leave home?

それはうれしいな。それで、いつ故郷を離れたの？

M: When I was eighteen. I went away to college to study English. My dream is to work overseas. But for now, I'm still doing clerical work in Tokyo.

18歳の時よ。英語を勉強するために、大学に行ったの。海外で働くことが夢だから。でも今のところ東京で事務仕事してるのよね。

Topic 1 自己紹介 | Unit 3

T: Oh, I'm sorry. You don't like your job?

そうか，それは残念だね。自分の仕事を気に入っていないの？

M: I do. But sometimes my dream seems so far away…

そんなことない。ただ，時々自分の夢がすごく遠く思えるだけ…。

Words

78	clerical	事務の
79	seem	～のように思われる

Unit 4 自己紹介
I like discovering new restaurants.
新しいレストランを見つけるのが好きです。

STEP 1 余暇やストレス解消法について伝えたいことをまとめよう

仕事で遅くなってしまったので，メグとトーマスは会社近くのバーへ

I like eating out with friends and discovering new restaurants. I read restaurant reviews on the Internet from top to bottom and decide which one to visit.

I rarely go to fancy restaurants. I prefer izakayas — Japanese bars. I love spending time with friends over good food and drinks. It's the best way for me to relieve stress from work. I try not to eat too much, but I always end up being too full.

CAN-DO

☑ 余暇やストレス解消法について説明できる
☑ 自分がはまっていることについて話をつづけられる

　友達と外食したり，新しいレストランを見つけるのが好きです。インターネットでレストランのレビューを隅から隅まで読んで，どこに行こうか決めるんです。

　高級なレストランにはあまり行きません。それよりも，日本の飲み屋，いわゆる居酒屋の方がいいです。おいしい食事とお酒を友達と楽しむのは最高。私にとって仕事のストレスを発散する一番の方法です。食べすぎないようにしてるんだけど，結局いつもおなかいっぱい食べちゃうんですよね。

Words

80	review	レビュー
81	from top to bottom	上から下まで
82	rarely ...	めったに…しない
83	prefer	〜の方を好む
84	end up ...ing	結局…することになる

Key Phrase

I like eating out with friends and discovering new restaurants.

友達と外食したり，新しいレストランを見つけるのが好きです。

like ...ing は「…するのが好き」ということを表す表現です。趣味の話をする際に役に立ちます。この例文のように，...ing を 2 つ以上並べて，好きなことをたくさん紹介することもできますよ。like を love に変えると，「大好き」という情熱が伝わります。

Topic Words 　趣味・好きなことを伝える時に使える表現

I like _____ .

空所にあてはめて言ってみましょう。

#	英語	日本語
85	cooking	料理
86	watching movies	映画鑑賞
87	reading books	読書
88	watching sports	スポーツ観戦
89	surfing	サーフィン
90	taking a walk	散歩
91	working out at the gym	ジムで運動すること
92	visiting historical places	史跡探訪
93	fishing	釣り
94	shopping	買い物

自分が使う表現を書きこみましょう。

Topic 1 自己紹介 | Unit 4

Key Phrase: It's the best way for me to relieve stress from work.

私にとって仕事のストレスを発散する一番の方法です。

It's the best way for ～（人）to ...で，「～にとって…する一番いい方法である」という意味です。It のところに具体的なことや物を入れることもできます。best を better に変えると「よりよい方法」，worst に変えると「最悪の方法」という意味になります。for の後ろを her, him, us, them に変えたり，to のあとにくる動詞を変えることで，さまざまな内容を表現できます。

例 Talking to a friend is the best way for her to overcome sadness.
（友達と話すことが彼女にとって悲しみを乗り越える最もいい方法です。）

Topic Words　ストレス解消法を伝える時に使える表現

It's the best way to relieve stress from ＿＿＿.

空所にあてはめて言ってみましょう。

95 overwork	過労
96 housework	家事
97 disasters	思いがけない災難
98 illness	病気
99 anxiety about the future	将来への不安

自分が使う表現を書きこみましょう。

STEP 2 余暇やストレス解消法についての質問に答えられるようになろう

What do you like to do in your free time?
あいた時間は何をするのが好きですか。

I like discovering new restaurants. I feel very happy when I find a really good one!
新しいレストランを見つけるのが好きです。すごくいいレストランを見つけた時は最高にうれしい!

How often do you go drinking?
どのくらいの頻度でお酒を飲みに行くんですか。

Not so often. But I enjoy drinking sake every once in a while.
そんなに頻繁ではないですよ。でも時々日本酒をいただいて楽しんでいます。

Words

| every once in a while | 時々 |

Topic 1 自己紹介 | Unit 4

What kind of restaurants do you go to?
どんなお店に行くんですか。

I go to izakayas. They're more relaxing than fancy restaurants.
居酒屋が好きですね。おしゃれなレストランよりリラックスできますから。

What's the best way for you to relieve stress?
あなたにとってストレスを発散する一番の方法は何ですか。

Spending time with friends over good food and drinks. That's all I need!
友達と一緒においしい食事とお酒を楽しむことです。それだけで十分です!

STEP 3 自分がはまっていることについて説明しながら会話をつづけられるようになろう

仕事終わり、会社近くのバーでお酒を飲みながら

T: What do you like to do in your free time?

時間がある時は何をするのが好きなの？

M: Well, I like discovering new restaurants. I sometimes enjoy drinking Japanese sake, too.

そうねえ、新しいレストランを見つけるのが好きね。時々日本酒をいただいて楽しんだりもするわ。

T: （ニヤリと笑って）Sometimes?

時々？

M: Well, to be honest, I love sake. In fact, I'm taking a course to be a *Kikisake-shi* — a sake sommelier.

ええと、本当はね、日本酒が大好きなの。日本酒のソムリエである「利き酒師」になるためのコースに通ってるくらいなの。

Topic 1 自己紹介 | Unit 4

T: That's fascinating! | すごいな！

M: My friends tell me that when I talk about sake, my eyes sparkle. | 友達は，お酒の話をする時，私の瞳がキラキラしてるって言うの。

T: Wow, you're really into it. | へえ，そんなにのめり込んでいるんだね。

M: Yes. If I had to choose between sake and a guy, it would be the hardest choice of my life! | うん。日本酒か男子，どっちか選べって言われたら，迷っちゃうわね！

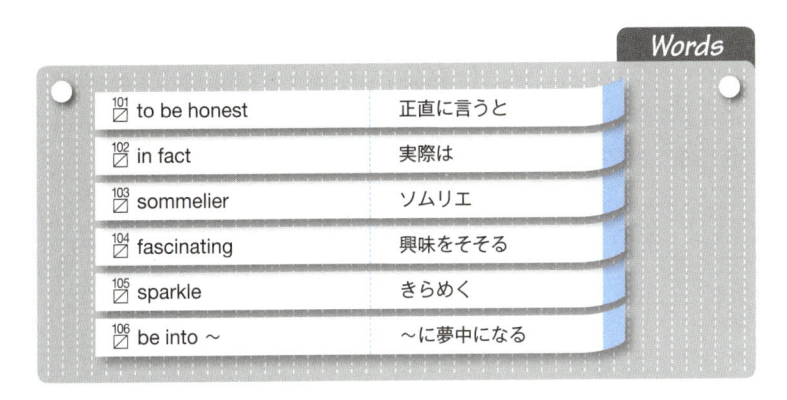

Words

101	to be honest	正直に言うと
102	in fact	実際は
103	sommelier	ソムリエ
104	fascinating	興味をそそる
105	sparkle	きらめく
106	be into ~	~に夢中になる

英語スピーキング講座 ①

「会話くらい」は…

「ちょっとした会話くらいはできるようになりたいのですが，どうしたらいいですか」という質問をよくいただきます。「くらい」という言葉を使っていることから，「会話は簡単なはず」という思い込みがあることがわかります。

しかし実際には，「会話くらいは」と言うほど，会話することは簡単ではありません。

会話のトピックにしても，自分がよく知っていることであればよいですが，相手が話題にすることは必ずしもそうではありません。また，会話をしている最中にトピックも変わりますし，まったく関連性のないことに話が飛ぶことも珍しくありません。

つまり，多様なことについて背景知識や興味・関心を持っていないと，英語がある程度できたとしても会話についていけないこともあるということです。

会話では，専門的，学術的な単語が使われることは少ないですが，日本の学校では習わないような単語や表現がよく使われます。このため，英語で専門書が読めるくらいの単語力があっても，会話で語られる内容を理解するのが難しいということも起こりうるのです。

なおかつ，会話は活字とは違い，瞬時に音が消えてしまうため，相手の発言を何度も確かめることができません。その場で瞬間的に情報処理をして，すぐに返答をするという早業が必要なのです。ですから，「英会話くらい」というほどやさしいことではないのです。

Topic 2

家族・友人・同僚

Unit 5

家族・友人・同僚

I got my love for sake from my mother.

私の日本酒好きは，母からきているんですよ。

STEP 1　両親について伝えたいことをまとめよう

週末は親友のサラと2人でランチ
2人が知り合ってもう10年近く

My parents have been happily married for more than thirty years. They were high school sweethearts. My father played baseball in high school. He wanted to be a professional baseball player, but he injured his knee and gave up on his dreams. Now he's a salesperson for a car manufacturer. In his free time, he teaches baseball to local kids.

My mother is a housewife. She's a cheerful person and very supportive of my career. She loves gardening and drinking wine. I got my love for sake from my mother.

CAN-DO
- ☑ 両親について説明できる
- ☑ 異性との出会いについて話を発展できる

　私の両親は，30年以上仲睦まじい結婚生活を送っています。2人は高校時代に恋人どうしでした。父は高校で野球をやっていました。プロ野球選手になりたがっていたのですが，ひざをけがして夢をあきらめたんです。今は自動車メーカーの営業をしていて，あいている時間に，地元の子どもたちに野球を教えています。

　母は専業主婦です。明るい人で私の仕事をとても応援してくれています。ガーデニングとワインが大好きなんです。私の日本酒好きは，母からきているんですよ。

Words

107 injure	～を痛める
108 knee	ひざ
109 housewife	主婦
110 supportive	協力的な

Key Phrase: They were high school sweethearts.

2人は高校時代に恋人どうしでした。

sweetheart は「恋人」「彼氏・彼女」という意味をもつ語です。ここで出てきた high school sweetheart は「高校時代の恋人」という意味になります。high school のところを college に変えれば,「大学時代の恋人」になり,teenage と言えば,「10 代の頃の恋人」となります。sweetheart という語は,honey や sweetie などと同じように,子ども,恋人,配偶者などへの呼びかけとしても使うことができます。

Topic Words — 人との関係を表す時に使える表現

111 childhood friend	幼なじみ
112 close friend	親友
113 buddy	親友
114 rival	ライバル
115 classmate	クラスメイト
116 co-worker	同僚
117 subordinate	部下
118 boyfriend	彼氏
119 girlfriend	彼女

自分が使う表現を書きこみましょう。

Topic 2 家族・友人・同僚 | Unit 5

Key Phrase: I got my love for sake from my mother.

私の日本酒好きは，母からきているんですよ。

親子や兄弟姉妹で好きなものが似ていることがよくありますね。この表現はそれを人に話す際に使うことができます。get one's love for のあとに好きなものや趣味などを入れて，from のあとにそれが誰に似たのかを入れます。自分の場合に置き換えて言ってみましょう。

例 My sister got her love for dogs from my father.
（妹の犬好きは父に似たんです。）
I got my love for fishing from my grandfather.
（私の釣りの趣味は祖父から受け継ぎました。）

Topic Words — 人と似ているところを伝える時に使える表現

I got my _____ from my mother.

空所にあてはめて言ってみましょう。

120 talent	才能
121 interest in ~	～への興味
122 looks	見た目，顔つき
123 brains	頭脳
124 way of thinking	考え方
125 manners	マナー
126 taste	好み

自分が使う表現を書きこみましょう。

STEP 2　両親についての質問に答えられるようになろう

How did your parents meet?
ご両親はどうやって出会ったんですか。

They went to high school together. They've never dated anyone else in their lives!
高校が一緒だったんです。人生でお互い他の誰ともデートしたことないんですって！

What does your father do?
お父さんはどんなお仕事をされていますか。

He's a salesperson for a car manufacturer. But he doesn't even own a car.
自動車メーカーの営業です。自家用車も持っていないんですけどね。

Words

127 date	～とデートする，～と付き合う
128 own	～を所有する

Topic 2 家族・友人・同僚 | Unit 5

What does your mother do?
お母さんは何をされていますか。

She's a housewife. She was a nurse before she had my brother.
母は専業主婦です。兄が生まれる前までは看護師をしていました。

Do you believe in soul mates?
ソウルメイトって信じていますか。

Yes and no. I want to, though.
何とも言えないな。信じたいけど。

Words

129	nurse	看護師
130	soul mate	心の友, よきパートナー
131	yes and no	どちらとも言えない

STEP 3 両親の出会いについて説明しながら会話をつづけられるようになろう

メグとサラはランチをとっている

S: How did your parents meet?

ご両親はどうやって出会ったの？

M: They went to high school together.

高校が一緒だったのよ。

S: Wow, they go way back!

へえ、そんな昔から！

M: Yes. My parents were high school sweethearts. They say they're each other's soul mates.

そう。うちの両親は高校時代の恋人どうしなの。お互いソウルメイトなんだって言ってる。

S: That's sweet. Do you believe in "soul mates," too?

すてきね。メグも「ソウルメイト」の存在って信じてる？

M: I didn't before, but I kind of do now …

前はそうでもなかったけど、今はちょっと信じてるかも…。

Topic 2 家族・友人・同僚 | Unit 5

S: Why? What happened?

どうして？ 何があったの？

M: Well, recently, I met a guy at work. Even though we've just met, I feel like I already know him.

うーん，最近職場である人と出会ったのよ。会ったばかりなのに，前から知ってる人のような気がするのよね。

Words

132 go way back	昔までさかのぼる
133 believe in ~	~を信じる
134 kind of	ある程度，ちょっと
135 feel like ...	…のような気がする

Unit 6 家族・友人・同僚
My brother is a floral designer.
私の兄は，フラワーデザイナーをしています。

STEP 1 　兄弟（姉妹）について伝えたいことをまとめよう

メグの3つ年上の兄は，会社勤めを辞めて夢をかなえた
夢を追う姿勢はメグのお手本になっている

My brother is a freelance floral designer. After he graduated from college, he worked for an IT company for a while. But he didn't like his job very much. He was stressed out all the time.

One day, he came home and said, "I quit !" Then, he started learning flower arranging. He did his apprenticeship at a famous flower shop in Tokyo and then became a freelancer. He was always good with his hands. I'm so glad that his artistic talent hasn't gone to waste!

> CAN-DO
> ☑ 兄弟（姉妹）について紹介できる
> ☑ 兄弟（姉妹）の長所について会話をつづけられる

　私の兄は，フリーのフラワーデザイナーをしています。大学卒業後，しばらくIT企業に勤めていました。でも仕事があまり好きではなかったんです。いつもストレスをためていました。

　ある日，家に帰ってきて言ったんです。「辞めた！」って。それからフラワーアレンジメントを習い始めました。東京の有名なお花屋さんで見習いをして，その後フリーになりました。昔から手先が器用だったんですよね。兄の芸術的才能が無駄にならなくてよかった！

Words

136	freelance	フリーランスの
137	graduate from ~	~を卒業する
138	stress out	神経をすり減らす
139	quit	（仕事・学校を）辞める
140	apprenticeship	見習い
141	go to waste	無駄になる

Key Phrase: My brother is a freelance floral designer.

私の兄は、フリーのフラワーデザイナーをしています。

主語（I, He, She, They など）＋ be ＋ a〔an〕〜 . という簡単な形で人の職業を言うことができます。Unit 1 で，work for 〜で「〜に勤務している」という意味になることを学習しました。この表現とセットで使うと，自分の仕事についても詳しく説明できますね。

例 I work for a publishing company. I am an editor.
（私は出版社に勤務しています。編集者です。）

Topic Words — 職業を表す時に使える表現

#	英語	日本語
142	office clerk	事務員
143	secretary	秘書
144	company employee	会社員
145	systems engineer	システムエンジニア
146	salesperson	販売員
147	caregiver	介護士
148	hairstylist	美容師
149	receptionist	受付係
150	instructor	講師〔インストラクター〕

自分が使う表現を書きこみましょう。

Topic 2 家族・友人・同僚 | Unit 6

Key Phrase: He was always good with his hands.

昔から手先が器用だったんですよね。

be good with hands で，「(手先が) 器用な」という意味になります。ここでは was always となっており「昔からずっと」というニュアンスが加わっています。この good with ～は大変便利な表現で，with のあとに得意なこと（通常は名詞）を入れると，「～が得意である」「～の扱いがうまい」という意味になります。be not good with ～とすると「～が苦手である」ということも表現できます。自分の得意なことや苦手なことを語る時，あるいは家族や友人を褒める時に，使ってみてください。

例 She is very good with kids.
（彼女は子どもの相手をするのがとても上手ね。）

Topic Words　得意なことを伝える時に使える表現

I'm good with ___ .

空所にあてはめて言ってみましょう。

151 computers	コンピューター
152 figures	数字
153 money	やりくり
154 people	人と接すること
155 animals	動物
156 babies	赤ちゃん

自分が使う表現を書きこみましょう。

STEP 2 兄弟（姉妹）についての質問に答えられるようになろう

How's your brother doing?
お兄さんはどうしていますか。

He's doing great. But he's too busy with his job. He should get a life!
元気にしていますよ。でも仕事が忙しすぎます。もっと人生を楽しまないと！

What does your brother do?
お兄さんは何のお仕事をされていますか。

He's a floral designer. It sounds like a feminine job, but there's actually a lot of heavy lifting!
兄はフラワーデザイナーなんです。女性らしい仕事に聞こえますけど、実際は力仕事なんですよ！

Words

157	be busy with ~	~で忙しい
158	get a life	人生を楽しむ
159	feminine	女性らしい
160	heavy lifting	力仕事

Topic 2 家族・友人・同僚 | Unit 6

What does he do exactly?
具体的にはどんなお仕事なんですか。

He arranges flowers for weddings and other events. I think it's a great job because he can make people happy.
結婚式などのイベントでお花のアレンジをします。人に喜びを与える素晴らしい仕事ですよね。

Was he always good with his hands?
お兄さんは昔から器用だったんですか。

Yes, he was. He always got good grades in art class.
そうですね。図工の成績はいつもよかったですし。

Words

161	exactly	厳密に
162	arrange flowers	花を生ける〔アレンジする〕
163	grade	成績

STEP 3 兄弟（姉妹）の仕事や長所について説明しながら会話をつづけられるようになろう

2人の話はメグの兄のことに

S: Speaking of your family, how's your brother doing?

メグの家族と言えば、お兄さんはどうしてるの？

M: He's doing great. He's a freelance floral designer now.

すごく元気よ。今はフリーのフラワーデザイナーをやっているの。

S: I didn't know that! What does he do exactly?

知らなかった！ 具体的にはどんな仕事なの？

M: He arranges flowers for hotels, restaurants, weddings, and other events.

ホテルやレストラン、結婚式やその他のイベントでお花をアレンジするのよ。

S: That sounds like a very creative job.

クリエイティブな仕事って感じね。

M: Yes. It's his dream job. He has taught me that if you work hard, your dreams can come true.

うん。兄があこがれてた仕事なの。努力すれば夢はかなうって、兄から学んだわ。

Topic 2 家族・友人・同僚 | Unit 6

S: I wish I had a brother like yours. I'm an only child.

メグのお兄さんのような兄が欲しかったなあ。私ひとりっ子だから。

何かを企てているような表情のメグ

M: Hmm... I have an idea.

ふうん…。いいこと思いついた。

Words

164 speaking of ～	～と言えば
165 dream job	理想の仕事
166 only child	ひとりっ子

Unit 7 家族・友人・同僚
Sara and I hit it off immediately!
サラと私はすぐに意気投合したんです！

STEP 1 友達について伝えたいことをまとめよう

メグとサラが出会ったのは大学生の時
メグにとっては，誰よりも尊敬できる大切な友達

Sara and I met in college. She came from Hong Kong on a student exchange program. Originally, she planned to be in Japan for six months. But because she liked it here so much, she decided to transfer to our college.

We met in the first class of our thesis seminar. We hit it off immediately! Now she works for a trading company. She speaks three languages, and has a wide knowledge of Southeast Asia. It's very useful for her work.

CAN-DO

☑ 友達について語れる
☑ 友達と出会った時のことについて思い出話ができる

　サラと私は大学で出会いました。サラは香港出身で，交換留学プログラムで来ていました。もともとは，6カ月の予定で来日しました。でも日本がすごく気に入って，こっちの大学に編入することにしたんです。

　出会いはゼミの最初の授業でした。私たち，すぐに意気投合したんです！　今サラは商社に勤めています。彼女は3カ国語を話し，東南アジアに関する知識も豊富。仕事にとても役立っているようです。

Words

167	student exchange program	交換留学プログラム
168	decide to ...	…することを決める
169	seminar	(大学などの)ゼミ
170	immediately	すぐに

Key Phrase: Sara and I met in college.

サラと私は大学で出会いました。

誰かとの出会いの場所を説明する表現です。Sara and I のところを She and I にしたり，We にすることもできます。そして，in college の部分を出会った場所や出会いのきっかけによって変えてみましょう。

例 My husband and I met at the beach. He picked me up!
（夫と私は，ビーチで出会いました。ナンパされたんです！）

Topic Words ー 出会いの場所・きっかけを伝える時に使える表現

We met _____.

空所にあてはめて言ってみましょう。

171 at work	仕事で
172 through work	仕事を通して
173 through a mutual friend	共通の知人を通して
174 through a client	クライアントを通して
175 at a party	パーティで
176 online	インターネットで
177 through a match-making service	結婚仲介業者を通して

自分が使う表現を書きこみましょう。

Topic 2 家族・友人・同僚 | Unit 7

Key Phrase: We hit it off immediately!

私たち，すぐに意気投合したんです！

hit it off で「意気投合する，気が合う」という意味です。immediately を加えることで，「出会ってすぐに」ということを表現できます。immediately の発音が難しいようなら，right away と言っても同じことを表せます。hit は，現在形・過去形・過去分詞形のいずれの場合も hit なので注意しましょう。

例 Jim hit it off with her immediately when they first met.
（ジムは，最初の出会いですぐに彼女と意気投合したんです。）

Topic Words — 出会いや関係を表す時に使える表現

178 become friends	友達になる
179 bond	仲よくなる，きずなが深まる
180 get acquainted	知り合いになる
181 get to know	知り合いになる
182 fall in love	恋に落ちる
183 see eye to eye	そりが合う

自分が使う表現を書きこみましょう。

STEP 2　友達に関する質問に答えられるようになろう

How did you two meet?
お二人はどうやって出会ったんですか。

We met in college. We quickly became close friends!
私たちは大学で出会いました。すぐに仲よくなったんですよ！

Why did Sara come to Japan?
なぜサラは日本に来たのですか。

She came to Japan on a student exchange program and fell in love with this country.
サラは交換留学プログラムで日本に来て，この国が大好きになったんです。

Topic 2 家族・友人・同僚 | Unit 7

What does Sara do?
サラのお仕事は何ですか。

She works for a trading company. She speaks three languages. She's a superwoman!
商社で働いています。彼女，3カ国語話せるんですよ。スーパーウーマンです！

Does Sara miss home?
サラはホームシックになりますか。

I think she does. But I'm always here for her. I'm like her family!
なるんじゃないかな。でも私はいつでもサラの力になります。私はサラの家族みたいなものですから！

Words

| 184 miss | ～のことを寂しく思う |

STEP 3 友達と出会った時のことについて会話をつづけられるようになろう

大学時代を思い出しているメグとサラ

M: Do you remember the first time we met?

私たちが初めて会った時のこと、覚えてる?

S: Of course. It was the first class of our seminar. You asked our professor so many questions!

もちろん。ゼミの最初の授業よね。メグってば教授を質問攻めにしてたじゃない!

M: I did? We hit it off immediately, didn't we?

そうだった? 私たち、すぐに意気投合したわね。

S: Yes, we did.

うん、そうだね。

M: I was so happy when you decided to stay. But don't you ever miss home?

日本に残るってサラが決めた時はすごくうれしかったな。でもホームシックになることはないの?

S: I do, sometimes. But my whole life is here now — my job, my friends, my apartment and … my boyfriend.

たまにね。でも今は人生のすべてがここにあるもの。仕事も、友達も、家も。それから…彼氏も。

Topic 2 家族・友人・同僚 | Unit 7

M: What?! You have a boyfriend? I was going to fix you up with my brother!

ええっ?! 彼氏できたの? お兄ちゃんを紹介しようとしてたのに!

S: Oh. Sorry to ruin your plans.

ありゃ。計画を台無しにしちゃってごめんね。

Words

185 professor	教授
186 whole	すべての
187 fix ~ up〔fix up ~〕	~に(交際相手などを)紹介する
188 ruin	~を台無しにする

Unit 8　家族・友人・同僚
I respect my boss, Ms. Okuda.
上司の奥田さんを尊敬しています。

STEP 1　同僚について伝えたいことをまとめよう

メグのまわりには尊敬できる人がたくさん
その一人が上司の奥田さん

My colleagues are smart, dedicated and hard-working people. I learn so much from them. I especially respect my boss, Ms. Okuda.

Like me, she wanted to work overseas. But after she was assigned to the Accounting Division at the Tokyo office, she decided to make a career change. She went on to get an MBA in accounting. And now, she's the CAO of our company. She's also married with two beautiful kids. She has it all!

> CAN-DO
> ☑ 同僚について語れる
> ☑ 仕事の状況について語れる

　私の同僚たちは，頭がよくて，仕事熱心で，努力家なんです。彼らから，たくさんのことを学びます。特に上司の奥田さんを尊敬しています。

　私と同じように，奥田さんは海外勤務を希望していました。でも東京オフィスの経理部に配属されたあと，キャリア転換することにしたのです。会計でMBAを取得しに行きました。そして今では，我が社のCAOなんです。結婚もしていて，かわいいお子さんが2人いらっしゃって。すべてを手に入れた女性です！

Words

189 dedicated	熱心な
190 be assigned to ~	~に配属される
191 MBA (Master of Business Administration)	経営学修士
192 CAO (Chief Accounting Officer)	最高会計責任者

Key Phrase

My colleagues are smart, dedicated and hard-working people.

私の同僚たちは，頭がよくて，仕事熱心で，努力家なんです。

このようにポジティブな形容詞をたくさん使って同僚を紹介できるといいですね。また，褒められて悪い気がする人はいないでしょうから，このような言葉を直接かけてあげられると人間関係がより円滑になりそうですね。

Topic Words — 人をポジティブに表す時に使える表現

No.	表現	意味
193	sincere	誠実な
194	polite	丁寧な
195	diligent	勤勉な
196	humble	謙虚な
197	punctual	時間に正確な
198	passionate	情熱的な
199	honest	正直な
200	devoted	献身的な

自分が使う表現を書きこみましょう。

Topic 2 家族・友人・同僚 | Unit 8

Key Phrase: She went on to get an MBA in accounting.

会計で MBA を取得しに行きました。

学生時代の専攻の話も，話し相手との共通点を見つけるのに役立つかもしれませんね。ここでは「MBA を取得した」という話をしていますが，もっと簡単に「私の専攻は〜でした」という時は以下のように言います。自分に置き換えて言ってみましょう。

例 I was a law major.（私は法学専攻の学生でした。）
　 I majored in mathematics.（私は数学を専攻しました。）

Topic Words 　専攻分野を伝える時に使える表現

201 political science	政治学
202 economics	経済学
203 international relations	国際関係論
204 international politics	国際政治学
205 childcare	保育
206 English literature	英文学
207 journalism	ジャーナリズム
208 finance	財政，ファイナンス
209 psychology	心理学
210 pharmacology	薬（理）学
211 medicine	医学

自分が使う表現を書きこみましょう。

STEP 2　同僚に関する質問に答えられるようになろう

Can you tell me about your colleagues?
同僚の方たちについて教えてもらえますか。

They're smart, dedicated and hard-working people. But they also like parties!
頭がよくて，仕事熱心で，努力家です。でも，飲み会も大好きな人たちなんですよ！

What do you think about your boss?
上司についてはどう思っていますか。

I have great respect for her. She always works hard to get the things she wants.
すごく尊敬しています。望みをかなえるために常に努力する方なんです。

Topic 2 家族・友人・同僚 | Unit 8

What's her title?
奥田さんの肩書きは何ですか。

She's the CAO — Chief Accounting Officer. Cool title, right?
CAOです。すてきな響きでしょ。

How's your work going?
仕事はいかがですか。

It's going well. I have a great boss and nice colleagues. I feel very lucky.
順調ですよ。素晴らしい上司といい同僚に恵まれています。ラッキーだなと思います。

Words

212 title		職名，肩書き

STEP 3 仕事の状況について会話をつづけられるようになろう

2人のランチも終盤にさしかかり

M: Aside from your love life, how are things going?

恋愛話は置いといて…調子はどうなの？

S: Very well. I just got promoted to assistant manager at work.

とっても順調よ。仕事でアシスタントマネジャーに昇進したところなの。

M: Your life is going so well — a boyfriend and a promotion. Sounds like you have it all.

人生すごくうまくいってるのね。彼氏に，昇進に。すべて手に入れたっていう感じね。

S: How about you, Meg?

メグはどうなの？

M: Work is going OK. My colleagues are nice people. I'm learning so much. But as you know, I've requested an overseas transfer.

仕事はまずまず。同僚はいい人だし，いろんなことを学んでる。でも知ってのとおり，海外勤務の希望を出してるから。

S: You will get it if you keep trying. I have confidence in you.

コツコツやり続ければ，実現するわよ。メグの力を信じてるわ。

M: Thanks.

ありがとう。

Topic 2 家族・友人・同僚 | Unit 8

時計に目をやるメグ

M: Oops, it's time for my English class. After that, I have a sake sommelier class! I'm so busy!

おっと，英話の授業が始まっちゃう！ そのあとは，利き酒師のクラスもあるし！ あー，忙しい！

S: Hmm… maybe you should focus on one thing at a time.

うーん，まずはひとつに絞ったらどうかしらね。

Words

213	aside from ~	~はさておき
214	get promoted to ~	~に昇進する
215	as you know	知っているとおり
216	request	~を申請する
217	have confidence in ~	~を信頼している
218	focus on ~	~に集中する

英語スピーキング講座 ②

なぜ会話についていけないのか

　一対一の会話ならまだしも，ネイティブ・スピーカーが複数いるグループの中で会話についていくのは結構タイヘン，と思ったことはありませんか。

　会話の流れにいったんついていけなくなると，つらいものです。

　スピードを落としてもらうわけにもいかず，かといって，何と言ったのかを確認するためにPardon? を連発するわけにもいかず…。

　何か言わないと失礼になると思うものの，気の利いたコメントも言えない。そのうち，相づちを打つだけになってしまい，Really? / Is that so? といった「合いの手英語表現」の繰り返し。あ〜，むなしい…。

　こちらに発言のチャンスをくれない相手も相手ですが，会話の流れに乗れない自分も不甲斐ない…。

　こんな経験をすると，「英会話学校へ行ったら何とかなるのかなぁ」と思う人も多いようです。もちろん，優れた英会話学校であれば，何とかしてくれるかもしれません。しかし，まずどうして会話の流れに乗れないかを分析することが大切です。

　なぜ相づちしているだけになってしまうのでしょう？

　その理由は簡単。会話の中心人物になっていないからです。話す側にまわっていないから，自分の知らないことや興味のないことで話が盛り上がり，理解できないスピードで会話が進んでしまうのです。

　相づちから脱却するには，会話をリードすればいいのです。

Topic 3

食事

Unit 9 食事
I hope he says yes to my invitation.
イエスと言ってくれますように。

STEP 1 ｜2｜3｜ 人を自宅での食事に誘う際に考慮すべきことをまとめよう

日本の家庭料理を食べたことがないというトーマス
それを聞いてメグは…

Thomas said he's never had a home-cooked Japanese meal, so I decided to invite him over and cook for him. Hmm… I wonder what I should make… He is Buddhist, so I should ask him if there's anything he can't eat or drink.

But before I worry about the menu, I have to be brave and ask him if he'd like to come over. I hope he says yes to my invitation.

CAN-DO
☑ 自宅での食事に招待できる
☑ 相手の反応を確かめながら誘える

　トーマスが日本の家庭料理を食べたことがないって言うから，家に招待して料理してあげようと考えています。うーん，何を作ろうかしら…。トーマスは仏教徒だから，食べられないものや飲めないものがあるかどうかも聞かなくちゃ。

　でもメニューの心配をする前に，まず勇気を出して家に招待しないとならないわね。イエスと言ってくれますように。

Words

219	home-cooked	家庭で料理した
220	invite ~ over	~を招待する
221	Buddhist	仏教徒
222	brave	勇敢な
223	come over	訪ねてくる，立ち寄る

Key Phrase: I wonder what I should make.

何を作ろうかしら。

wonder は「…だろうかと思う」という意味の動詞です。I wonder ... で「…かな」「…かしら」というニュアンスになります。ひとりごとを言ったり，誰かに疑問を投げかける時に使えます。if（…かどうか）を伴って，I wonder if he likes me.（彼って私のことが好きなのかしら。）のようにも使えます。ここでは，何を作ろうかと悩むメグのひとりごととして使われています。さて，以下に，日本の家庭の食卓によく並ぶ料理の名前をいくつか紹介します。英語一語で表せるものは少なく，boiled（煮た），baked（焼いた），fried（揚げた）などの語を伴って表現されます。

Topic Words — 身近な料理について話す時に使える表現

224	fried chicken	唐揚げ
225	stew	シチュー
226	gratin	グラタン
227	fried egg (rolled egg)	卵焼き
228	hamburger steak	ハンバーグ
229	fritter (tempura)	天ぷら
230	miso soup	みそ汁

自分が使う表現を書きこみましょう。

Topic 3 食事 | Unit 9

Key Phrase: I have to be brave and ask him if he'd like to come over.

勇気を出して家に招待しないとならないわね。

メグが,「勇気を出してトーマスを家に誘わないと…」と言っています。好きな人を誘うのは勇気がいりますが,うまく誘えるといいですね。ここでは,Would you ...? という丁寧な表現を使って,人を自宅に招く表現をいくつか紹介します。誘う相手によっては,Would you like to ...? を Do you want to ...? や Why don't you ...? などに変えて,よりインフォーマルにすることもできます。

例 Would you like to come over for dinner〔tea〕?
（家に来てディナー〔お茶〕でもいかがですか。）
Would you like to come (over) to my house?
（家に来ませんか。）
Would you like to drop〔stop, come〕by?
（家に寄りませんか。）
Would you like to come visit us?（家を訪ねて来ませんか。）

STEP 2

自宅での食事に誘う計画についての質問に答えられるようになろう

What are you going to cook for Thomas?
トーマスのために何を作るのですか。

I'm thinking of making a typical home-cooked meal because he said he's never had one.
ごく普通の家庭料理を作るつもりです。トーマスが一度も食べたことがないって言っていたので。

Is there any food that Buddhists can't eat?
仏教徒の人が食べられないものはあるのでしょうか。

I think so. But I have to ask him to make sure.
あると思います。でも彼に聞いて確認しないと。

Words

| 231 make sure | 確かめる |

Topic 3 食事 | Unit 9

Aren't you nervous about cooking for someone?
人のために料理するのは緊張しませんか。

Yes, very. It's a lot of pressure for me!
ええ、とても。すごくプレッシャーです!

How are you going to invite him to your place?
どうやって彼を自宅に招待するのですか。

I'm not good at playing games, so I'm just going to ask him straight out.
駆け引きは得意ではないので、単刀直入に誘うだけです。

Words

232	be nervous about ~	~に緊張する
233	pressure	プレッシャー
234	place	家
235	be good at ...ing	…するのが得意だ
236	play games	駆け引きする
237	ask ~ straight out	~に単刀直入に尋ねる

STEP 3 相手の反応を確かめながら会話をつづけられるようになろう

オフィスでトーマスを見つけて話しかけるメグ

M: Hi, Thomas. There's something I want to ask you.

ねえ、トーマス。ちょっと聞きたいことがあるんだけれど。

T: Uh oh. Am I in trouble? You look serious…

あれっ。僕、何かやっちゃったかな? こわい顔してるけど…。

M: No, no! It's nothing bad. Um… Please feel free to say "no." Would you like to come over for dinner sometime?

違う違う! 悪いことじゃないの。ええと…いやなら断ってくれてもいいんだけれど。よかったら今度家に夕飯を食べにこない?

Topic 3 食事 | Unit 9

勇気を振り絞ってトーマスに尋ねると…

T: How can I say "no" to such a nice offer! Yes, I'd love to come over.

そんなすてきな誘いを断る手はないよ！　もちろん，おじゃまします。

M: Great! You said you've never had a home-cooked Japanese meal, so I thought I'd cook one for you.

よかった！　日本の家庭料理を食べたことないって言っていたから，私が作ってあげようと思って。

T: Thank you, Meg. You've been such a great colleague ever since I got here.

ありがとう，メグ。日本に来て以来，すごくよくしてくれて，いい同僚だなぁ。

M: (「同僚」と言われてがっかりして) You're welcome.

どういたしまして。

T: Oh, I can't wait!

あー，待ちきれないな！

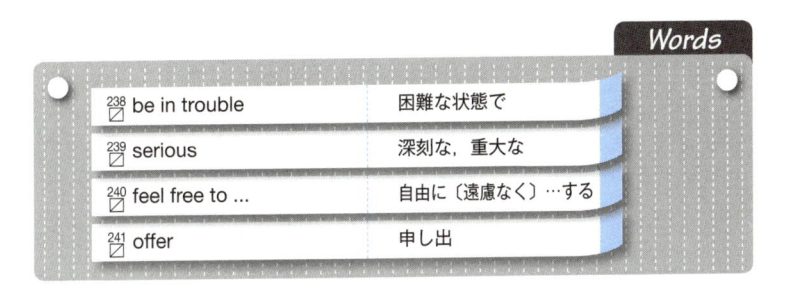

Words

238	be in trouble	困難な状態で
239	serious	深刻な，重大な
240	feel free to ...	自由に〔遠慮なく〕…する
241	offer	申し出

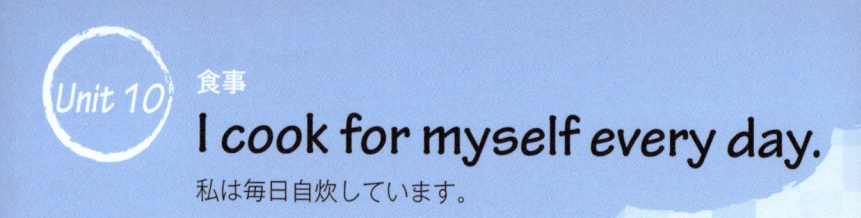

Unit 10 食事
I cook for myself every day.

私は毎日自炊しています。

STEP 1 料理の経験について伝えたいことをまとめよう

トーマスのために料理を作るとなると失敗はできない！
サラにも協力してもらっておいしい料理を作らないと

I cook for myself every day. I even make my own lunch for work sometimes. But when I have to cook for a guest, it's a completely different story — especially when I cook for a guy I like.

Sara is an amazing cook. I should call her and ask her to help me. I hope she'll agree to come over and teach me some of her special recipes.

CAN-DO
- ☑ 料理の経験について説明できる
- ☑ 友人に助言を求めることができる

　私は毎日自炊しています。仕事にお弁当を作っていく日もあります。でもお客様のために料理をするのは，まったく別の話。特に，好きな男の人のために料理するとなると。

　サラは料理がすごくうまいから，電話して助けてもらえるようにお願いしなくちゃ。サラが来てくれて，得意料理をいくつか教えてくれるといいな。

Words

242	cook for oneself	自炊する
243	completely	完全に
244	especially	特に
245	amazing	驚くほどの，素晴らしい
246	agree to ...	…することに同意する
247	recipe	レシピ

Key Phrase: I cook for myself every day.

私は毎日自炊しています。

cook for ～で「～のために料理する」という意味です。cook のあとに，dinner や lunch，breakfast，あるいは具体的な料理名などを入れることもできます。後ろに料理名や dinner などの語がくる場合には，cook の代わりに make を使うこともできます。

例 I cooked curry for my family.
（家族のためにカレーを作りました。）
I make dinner for my girlfriend every weekend.
（僕は毎週末彼女のために夕食を作ります。）

以下に，調理法を表す動詞をいくつか紹介します。p.82 の料理名とあわせて覚えておきましょう。

Topic Words：調理法について話す時に使える表現

#	語	意味
248	boil	～を煮る〔ゆでる〕
249	fry	～を揚げる
250	bake	～を（オーブンなどで）焼く
251	grill	～を（網などで）焼く
252	saute	～をソテーする
253	steam	～を蒸す
254	marinate	～をマリネにする

自分が使う表現を書きこみましょう。

Topic 3 食事 | Unit 10

Key Phrase: Sara is an amazing cook.

サラは料理がすごくうまいんです。

名詞の cook は「料理人，料理をする人」という意味です。chef という語も「料理人，料理長」という意味ですが，こちらはプロの料理人を指すことがほとんどです。Sara is an amazing cook. は，Sara is good at cooking. とほぼ同じ意味です。cook を形容する語として，amazing（素晴らしい）が使われています。人を褒める表現としてよく使うので覚えておきましょう。ここでは，この amazing と置き換えられる形容詞を紹介します。それぞれニュアンスは違いますが，いずれも「とてもよい」という意味です。

Topic Words —「とてもよい」という意味を表す表現

#	単語	意味
255	excellent	非常に優れた
256	fantastic	素晴らしい
257	incredible	信じられない
258	extraordinary	並外れた，驚くべき
259	fabulous	素晴らしい，わくわくする
260	outstanding	傑出している，目立った
261	magnificent	素晴らしい，荘厳な
262	brilliant	立派な，素晴らしい
263	marvelous	驚くべき，素晴らしい

自分が使う表現を書きこみましょう。

STEP 2 — 料理をするかどうかに関する質問に答えられるようになろう

How often do you cook?
どのくらいの頻度で料理しますか。

I cook almost every day. I sometimes make my own lunch for work.
ほぼ毎日しますよ。仕事に持っていくお弁当を作る日もあります。

Have you ever cooked for someone before?
これまでに,人のために料理したことはありますか。

No, never. I only cook for myself.
いいえ,一度も。自分のためだけに料理するの。

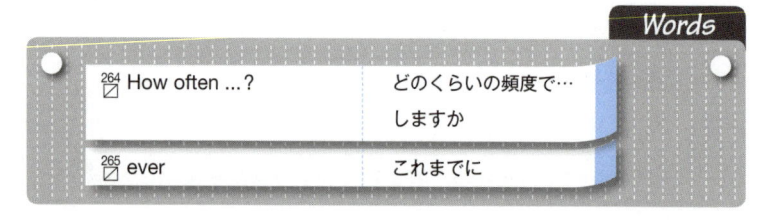

Words

| 264 How often ...? | どのくらいの頻度で…しますか |
| 265 ever | これまでに |

Topic 3 食事 | Unit 10

Is Sara a good cook?
サラの料理の腕はどうですか。

She's an extraordinary cook. She could be a pro.
すごく上手です。プロになれるくらい。

Is Sara going to come over and teach you some recipes?
サラは料理を教えにきてくれそうですか。

I hope so. I'll be lost without her!
そうだといいんだけれど。サラがいないと路頭に迷ってしまいます！

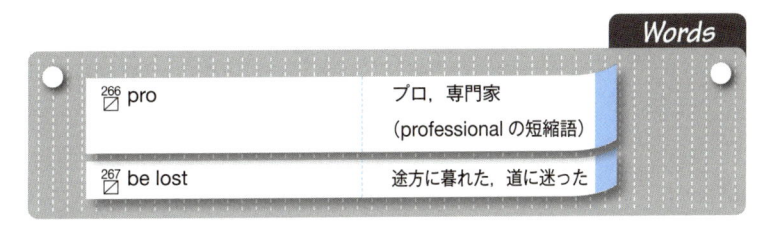

Words

| 266 pro | プロ，専門家 (professional の短縮語) |
| 267 be lost | 途方に暮れた，道に迷った |

STEP 3 料理に関する助言をもらうために会話をつづけられるようになろう

サラに電話をかけるメグ

M: Hi, Sara. It's me, Meg.

サラ。私よ、メグ。

S: Hi, Meg. What's up?

メグ。どうしたの？

M: Well, I invited Thomas over for dinner.

ええとね、トーマスを家にディナーに招いたの。

S: You did? You're finally making a move. Good for you. Have you decided what to cook?

ほんと？ やっと行動を起こしたのね。やるじゃない。何を作るか決めたの？

Topic 3 食事 | Unit 10

M: No. I was wondering if you could come over and teach me some recipes this coming Sunday.

まだなの。今週の日曜に家に来て、お料理をいくつか教えてもらえないかと思っているんだけど。

S: Well, I'll have to cancel my date, but if it's that important to you…

うーん、デートをキャンセルしないといけないけど。でもメグにとってそんなに大事なことなら…。

M: Thank you! You're the best, Sara!

ありがとう！ サラって最高！

S: Sure thing!

まあね！

Words

268	What's up?	どうしたの？, どうしてる？
269	finally	ついに, とうとう
270	make a move	行動を起こす
271	Good for you.	よかったわね〔(行為を褒めて) 立派なものだ〕
272	cancel	〜をキャンセルする
273	Sure thing.	(お礼の言葉に対して) どういたしまして

Unit 11 食事

I practiced making sushi rolls with Sara.

サラと巻き寿司の練習をしました。

STEP 1 ②③ 何を料理することになったかについて伝えたいことをまとめよう

トーマスのために何を作るかを決めたメグとサラ
事前に練習して、当日に向けて準備は万端！

Sara and I decided that I should prepare a three-course meal for Thomas — an appetizer, teriyaki chicken, and sushi rolls. I'll buy *yokan* for dessert, because that'll be less pressure on me.

I practiced making sushi rolls three times with Sara. It wasn't easy rolling the sushi neatly. But I got pretty good eventually, so I should be OK. I also bought a rare bottle of sparkling sake. It should go well with the food. I hope he enjoys the meal!

CAN-DO
- ☑ 何を料理するかについて説明できる
- ☑ メニューを説明しながら会話をつづけられる

　サラと私は，トーマスのために3皿のコースを用意することにしました。前菜，照り焼きチキン，それから巻き寿司。デザートには羊かんを買っておくことにします。その方がプレッシャーが減りますから。

　サラと3回巻き寿司の練習をしました。お寿司をきれいに巻くのは簡単じゃなかったけれど，最終的には上手にできたから，きっと大丈夫。それから珍しいスパークリングの日本酒を買ってあるの。きっとお料理に合うはず。トーマスが食事を楽しんでくれるといいな！

Words

274 appetizer	アペタイザー（食前酒・前菜など）
275 dessert	デザート
276 neatly	きちんと
277 eventually	最終的には
278 rare	珍しい

Key Phrase: It should go well with the food.

きっとお料理に合うはず。

go well with ～で「～と合う」という表現です。食べ物と食べ物の組み合わせ，食べ物と飲み物の組み合わせの話をする時などによく使います。また，That tie goes really well with the shirt.（そのネクタイ，シャツにぴったりね。）のように，ファッションの話をする際にも使えます。反対に「合わない」と言う場合には，以下の例文のように言います。

例 This wine doesn't go well with the carpaccio.
（このワインは，カルパッチョと合わないわね。）

ここでは，食事にまつわる表現をいくつか紹介します。

Topic Words　食事にまつわる表現

279 main dish (main course)	メイン
280 aperitif	食前酒
281 cocktail	カクテル
282 buffet	ブッフェ
283 all-you-can-eat buffet	食べ放題（バイキング）
284 today's special (special of the day)	今日のおすすめ
285 specialty	店のスペシャル料理

自分が使う表現を書きこみましょう。

Topic 3 食事 | Unit 11

Key Phrase: I hope he enjoys the meal!

トーマスが食事を楽しんでくれるといいな！

I hope +〜（人）+ enjoy ... で「〜が…を楽しんでくれることを望んでいます」という意味です。ニュアンスとしては、「…を楽しんでくれるといいな」という感じになります。ここでは「食事」について述べていますが、enjoy の後ろにはいろいろな食べ物などを続けることができます。

例 I hope the guests enjoy my home-made pie.
（私のお手製のパイをお客様が喜んでくれるといいんだけれど。）

Topic Words　食事にまつわる表現

286 breakfast	朝食
287 lunch	昼食
288 dinner〔supper〕	夕食
289 brunch	ブランチ
290 snack	おやつ
291 sweets	甘い物
292 tea break	お茶休憩
293 home-made	自家製の

自分が使う表現を書きこみましょう。

STEP 2

料理の準備状況に関する質問に答えられるようになろう

Did you decide what to cook for Thomas?
トーマスのために何を作るか決めましたか。

Yes. I decided to cook a three-course meal for him. I hope I can pull it off!
はい。3皿のコースを作ることにしました。何とかやれるといいのだけれど!

Did you practice the recipes?
(当日作る) レシピの練習はしたんですか。

Yes, I did. Three times! But I don't want Thomas to know about it.
はい。3回も! でもトーマスにはそのことを知られたくないんです。

Words

| 294 pull it off | うまくやる |

Topic 3 食事 | Unit 11

What kind of drinks did you get?
飲み物は何を買ったのですか。

I got a special bottle of sake. It should go perfectly with the food!
特別な日本酒を買いました。料理との組み合わせは完璧なはずです！

Do you think Thomas will like your cooking?
トーマスは料理を気に入ってくれると思いますか。

I certainly hope so. Or I'll disappoint Sara!
そうだといいんですけれど。じゃないとサラをがっかりさせてしまいます！

Words

295 what kind of ~	どういった種類の~
296 perfectly	完璧に
297 certainly	確かに，本当に
298 disappoint	~をがっかりさせる

STEP 3 メニューの説明をしながら会話をつづけられるようになろう

メグの自宅にやってきたトーマス
テーブルについて，食事を待っている

M: Give me a minute. It's almost done. I'm just giving it a final touch!

ちょっと待ってね。もうすぐ終わるから。今，最後の仕上げをしているところ！

T: What are you making?

何を作っているの？

料理をしているメグの様子を見にいくトーマス

M: It's a kind of sushi called *makizushi*. It should go well with the sparkling sake I bought for tonight!

「巻き寿司」っていうお寿司よ。今夜のために買っておいたスパークリングの日本酒に合うはずよ！

T: Wow, it looks colorful and delicious!

わあ，色鮮やかでおいしそう！

M: OK, I'm going to roll it now. It's going well, going well… （巻き寿司が崩れてしまい） Oops!

よし，じゃあ巻くわよ。うまく巻けてる，巻けてる…あっ！

Topic 3 食事 | Unit 11

T: Oh… It's OK. I'm sure it will still taste good.

あ…。大丈夫だよ。きっと味はいいからね。

M: I'm sorry. I did really well when I practiced with my friend…

ごめんなさい。友達と練習した時はすごくうまくできたんだけれど…。

T: You practiced for me, Meg? That's really sweet.

僕のために練習してくれたの，メグ？ 優しいなぁ。

M: …（練習したことがトーマスにわかってしまい，ちょっと恥ずかしいメグ）

Words

299 final touch	最後の仕上げ
300 colorful	色鮮やかな
301 oops	おっと，しまった
302 I'm sure ...	きっと…に違いない

Unit 12 食事
There's an izakaya I sometimes go to.
私が時々行く居酒屋さんがあります。

STEP 1 ▶ 2 ▶ 3　行きつけのお店について説明したいことをまとめよう

ハプニングもあったけれど，トーマスに料理をとても喜んでもらえたメグ
2人でメグ行きつけの居酒屋へ

There's an izakaya I sometimes go to. It's near my apartment. I go there when I don't feel like cooking or when I feel like talking to someone. They serve really good food and have many kinds of sake.

There, regular customers can keep an open bottle of sake or shochu with their name on it. That way, we don't have to drink a whole bottle at one time — whenever we come back to the bar, we can drink it. I like this system very much.

CAN-DO

- ☑ お気に入りの店を紹介できる
- ☑ おすすめのメニューを説明しながら会話をつづけられる

　私が時々行く居酒屋さんがあります。アパートのすぐ近くです。料理する気分じゃない時や，誰かと話したい時に行きます。お料理がすごくおいしくて，お酒の種類も豊富なんです。

　そこでは，常連のお客さんが，口を開けた日本酒や焼酎のボトルに名前を書いてキープしておけるようになっています。そうすれば，一度にボトルすべてを飲みきらないで，次に来た時にそれを飲めばいいんです。このシステム，すごくいいですよね。

Words

303 serve	～（食事など）を出す
304 regular customer	常連客
305 that way	そのように
306 at one time	一度に
307 whenever	…する時はいつでも

Key Phrase: I go there when I don't feel like cooking.

料理する気分じゃない時に行きます。

feel like + ...ing という型を使った表現を紹介します。肯定の形では「…したい，…の気分だ」，否定の形では「…したくない，…する気がしない」という意味を表すことができ，自分の気持ちや気分を正直に伝えたい時に便利な表現です。

例 I felt like writing a poem, so I did. It was awful.
（詩を書きたい気分になったので，書いてみた。ひどい出来だった。）
I don't feel like going to someone's wedding when my own life is such a mess!
（自分の人生がめちゃめちゃな時に，人の結婚式なんかに行ってる気分じゃないわよ！）

Topic Words — バーでの注文などの時に使える表現

#	英語	日本語
308	(Japanese) sake	日本酒
309	beer	ビール
310	refill	おかわり
311	hangover	二日酔い
312	the usual	いつもの
313	the same	同じもの
314	another round	（その場の全員への）もう一杯

自分が使う表現を書きこみましょう。

Topic 3 食事 | Unit 12

Key Phrase: They serve really good food, and have many kinds of sake.

お料理がすごくおいしくて，お酒の種類も豊富なんです。

ここでの They はお店のことを指しています。お店を指す時は they を使うのが一般的です。自分がお店側の場合は，we を使います。日本酒は，sake（発音は「サキ」に近い）として海外でもだいぶ浸透しています。豆腐＝ tofu，納豆＝ natto なども同様に，日本語がそのまま英語として通じるようになってきています。ここでは，さまざまなお酒の語彙を紹介します。オーダーの際は，I'll have a gin and tonic.（ジントニックください。），Can I get a beer?（ビールください。）のように言います。かっこよく頼めるようになるといいですね。

Topic Words — お酒にまつわる表現

315 shochu〔distilled spirit〕	焼酎
316 sparkling wine	スパークリングワイン
317 a glass of wine	グラスワイン
318 tequila	テキーラ
319 gin and tonic	ジントニック
320 brandy	ブランデー
321 whisky on the rocks	ウイスキーのロック
322 scotch and water	スコッチの水割り

自分が使う表現を書きこみましょう。

STEP 2

行きつけのお店に関する質問に答えられるようになろう

How often do you go to the izakaya?
その居酒屋にはどのくらいの頻度で行くのですか。

About twice a week. Sometimes, I need to talk to someone. Living alone can be lonely.
週に2回くらいかな。時々，誰かと話したくなるんです。一人暮らしって時に寂しいですから。

What do you usually have there?
そこでは普段は何を食べるんですか。

I always have "the special of the day." You can't go wrong with it!
いつも「今日のおすすめ」をいただくんです。間違いないですから！

Words

323	live alone	一人暮らしする
324	lonely	寂しい

Topic 3 食事 | Unit 12

What do you drink there?
飲み物は何を飲みますか。

I drink sake. I keep my own bottle there. Wow, I sound like a middle-aged man!
日本酒です。そのお店に自分のボトルをキープしているんです。わー，私っておじさんっぽい！

How does the "bottle reserving system" work?
「ボトルキープ」はいったいどういう仕組みなんですか。

Well, regular customers can keep an open bottle of sake, and whenever they go to the bar, they can drink it.
ええと，常連客は開けたボトルをキープしておいて，お店に行く度にそれを飲むことができるんですよ。

Words

325	middle-aged	中高年の
326	work	機能する

STEP 3 行きつけのお店でおすすめのメニューを紹介しながら会話をつづけられるようになろう

手料理のお礼にと，トーマスのおごりで近所の居酒屋へ

T: Do you come here often?

ここにはよく来るの？

M: Once in a while. When I don't feel like cooking or when I feel like talking to someone.

時々ね。料理する気分じゃない時とか，誰かと話したい時なんかに。

T: I see. So, what do you recommend?

なるほどね。それで，おすすめは何？

M: Well, everything is good here. If you like beer, they have a special draft beer. It's local.

ええと，何でもおいしいよ。ビールが好きだったら，特別な生ビールが置いてあるわ。地ビールよ。

T: Sounds good. I'll get that. What are you drinking?

よさそうだね。じゃあそれにする。メグは何を飲むの？

M: I'll have the usual.

いつものよ。

Topic 3 食事 | Unit 12

T: What's that?

いつものって何？

M: Oh, I keep my own bottle of sake here. Shall we order some *edamame*, too?

あぁ，ここに自分のお酒のボトルをキープしているのよ。枝豆も頼もうか。

Words

327 I see.	なるほど
328 recommend	～を勧める
329 draft beer	ドラフトビール，生ビール
330 Shall we ...?	…しましょうか

英語スピーキング講座 ③

会話をリードするには…

「会話をリードすればいいと言われたって，そんなの無理！」と思われるかもしれません。

しかし，ちょっとした勇気と，ちょっとした練習で会話をリードできるようになります。そうすることで，会話の流れから一人取り残される心配もなくなります。

では，どうしたらいいのか？

答えは，自分が1分間程度語れるトピックをストックする，ということです。

まずは自己紹介から。I'm Jun Yamada. Pleased to meet you. といった決まり文句だけでなく，家族，勤務先のことなどへと膨らませていきましょう。実際の会話が，以下のように始まったとしましょう。

相手：Nice to meet you. I'm Mike.

自分：Pleased to meet you, too. I'm Jun.

1分間自分で語れるストックを増やせば，以下のように自分から会話をリードできるようになるはずです。

自分：I'm an engineer at ABC Company. What do you do?

（私はABC社のエンジニアです。どんなお仕事をされているのですか。）

つまり，自分が語れる内容ついて質問をしていくのです。

あとは，趣味，旅行，恋愛や将来の夢についてなど，1分間ほど話せるトピックを徐々に増やしていけばいいのです。

Topic 4

旅行

Unit 13 旅行

Thomas and I are on our way to Osaka.

トーマスと私は、大阪に向かっています。

STEP 1 旅行の予定について伝えたいことをまとめよう

メグの大阪帰省にトーマスも同行することに
地元のいいところを知ってもらえるように、あれこれ旅の計画を立てるメグ

Thomas and I are on our way to Osaka. He said he's never been there, so I asked him to come along with me. We're taking the bullet train. It's the latest model.

We'll go sightseeing tomorrow. If he likes historical stuff, I can take him to Osaka Castle and Shitennoji. If he's interested in youth culture, America-mura might be good. Either way, this trip is going to be fun!

CAN-DO

☑ 旅行の予定について説明できる
☑ 旅行先で相手の知らないことを詳しく教えられる

　トーマスと私は，大阪に向かっています。彼は大阪に行ったことがないって言うから，一緒に来ませんかって誘ったの。新幹線で向かっています。この新幹線，最新のモデルなんです。

　明日は，観光に行きます。トーマスが歴史的なところが好きなら，大阪城や四天王寺に連れていこうかな。若者文化に興味があるようなら，アメリカ村もいいかもしれない。いずれにしろ，この旅は楽しくなりそう！

Words

331	on one's way to ~	~に向かう途中である
332	come along with ~	~と一緒に来る
333	bullet train	新幹線
334	latest	最新の
335	go sightseeing	観光に行く
336	youth culture	若者文化
337	either way	どちらにしても

Key Phrase: We're taking the bullet train.

新幹線で向かっています。

take のあとに乗り物を続けると,「〜を利用して行く」という意味になります。ここでは「新幹線に乗っている」という状況なので,現在進行形（be + ...ing）になっていますね。主に,タクシーや飛行機,電車など,自分で運転していない交通手段に使うことができます。普段の会話でもよく使われる基本的な表現ですので,いろいろな乗り物の名前とあわせて覚えましょう。

Topic Words　旅行にまつわる表現（乗り物の名前）

338 airplane〔plane〕	飛行機
339 express train	特急列車
340 train	電車
341 subway	地下鉄
342 taxi	タクシー
343 bicycle〔bike〕	自転車
344 motorcycle〔motorbike〕	オートバイ
345 ferry	フェリー

自分が使う表現を書きこみましょう。

Topic 4 旅行 | Unit 13

Key Phrase: **Either way, this trip is going to be fun!**

いずれにしろ，この旅は楽しくなりそう！

either way で「どちらにしろ，とにかく」という意味です。be going to be ... で，「…になりそう」と未来への期待を語っています。ここでは fun（楽しい）という形容詞が入っていますが，ネガティブな語も含め，その時の気分に合ったさまざまな形容詞を入れることができます。

例 This trip is going to be wonderful.
（今回は，すてきな旅になりそう。）
Our trip is going to be tough.
（私たちの旅は，大変なものになりそうね。）

Topic Words — 旅行への期待などを伝える時に使える表現

This trip is going to be ☐ .

空所にあてはめて言ってみましょう。

346	adventurous	危険の多い，冒険的な
347	interesting	おもしろい，興味深い
348	educational	教育的な，有益な
349	memorable	記憶に残る，忘れられない
350	exciting	わくわくさせるような
351	exhausting	心身を疲れさせる

自分が使う表現を書きこみましょう。

STEP 2 旅行の予定に関する質問に答えられるようになろう

How are you going to go to Osaka?
大阪へはどうやって向かいますか。

I'm taking the bullet train. I could take a plane, but I'm afraid of flying.
新幹線です。飛行機で行くこともできるけれど、私、飛行機に乗るのが怖いんです。

What type of bullet train are you taking?
新幹線の型は何ですか。

It's the N700 Nozomi. I love the curved form. It's so beautiful!
のぞみN700系です。曲線の造形が最高なの。なんて美しいのかしら！

Words

352 be afraid of ...ing	…するのが怖い
353 fly	（飛行機で）飛ぶ
354 curved	曲線状の

Topic 4 旅行 | Unit 13

What are you going to do in Osaka?
大阪では何をする予定ですか。

We're going to do some sightseeing and enjoy a lot of local sake!
観光をして，それから地酒をたくさん飲んで楽しみます！

Where are you going to take him in Osaka?
大阪では彼をどこに連れていくんですか。

I haven't decided yet. Any ideas?
まだ決めていないんです。何かアイディアありますか。

STEP 3　旅行先で相手の知らないことを説明しながら会話をつづけられるようになろう

大阪へ向かう新幹線の車内

M: How do you like the bullet train?

新幹線はどう？

T: Oh, I love it. It's so cool!

うん，すごく気に入ったよ。かっこいいね！

M: This train is the N700 Nozomi. It can go as fast as 300km per hour. It's made of aluminum alloy. That's the key to the high speed.

この車両はN700系のぞみっていうのよ。最高時速300キロまで出せるの。アルミニウム合金でできていて，それが速さの決め手なの。

T: （驚いた様子で）Wow, you know so much!

よく知ってるねえ！

M: Yeah. Didn't I tell you that I'm kind of a bullet train maniac?

うん。言ってなかったっけ？ 私ちょっとした新幹線マニアなのよ。

T: No! You're full of surprises! So, what are we going to see in Osaka?

聞いてないよ！ メグには驚かされてばかりだよ！ で，大阪では何を見るのかな。

M: Well, I was thinking Osaka Castle and Shitennoji. We can make a side trip to Kyoto if you want.

うんと，大阪城とか四天王寺とかを考えてるわ。もしよければ，京都に足を延ばすこともできるわよ。

T: Sounds great!

いいね！

Words

355	as fast as ~	～の速さで
356	per hour	1時間あたり
357	be made of ~	～で作られている
358	aluminum alloy	アルミニウム合金
359	maniac	マニア
360	full of surprises	驚くことだらけである，意外な面がたくさんある
361	make a side trip to ~	～に立ち寄る

Unit 14 旅行
I should never schedule a trip during the typhoon season.
台風の季節に、旅行の予定を入れるべきじゃないって。

STEP 1 旅行の苦い思い出について伝えたいことをまとめよう

大阪への道すがら、これまでの旅行の思い出話に
最初に頭に浮かぶのは、あの最悪な旅のこと…

A huge typhoon hit Tokyo on the day my ex-boyfriend and I were supposed to leave for Hokkaido. Our flight was canceled and we were stuck at the airport.

I thought if the weather got better, we could catch the next flight. But it didn't get better. I learned an important lesson. I should never schedule a trip during the typhoon season.

CAN-DO
- ☑ 旅行の苦い思い出について語れる
- ☑ 印象的なエピソードを入れて，思い出話を盛り上げられる

　昔付き合っていた彼氏と北海道旅行に発つ日に，大きな台風が東京を直撃しました。私たちの便はキャンセルになって，空港に缶詰めになってしまいました。

　天気が回復すれば次の便に乗れるかと思ったけれど，よくはなりませんでした。私は重要な教訓を得ました。台風の季節に，旅行の予定を入れるべきじゃないって。

Words

362 huge	巨大な
363 hit	（嵐などが）〜を襲う
364 ex-boyfriend	昔の彼氏（ex のみも可）
365 be supposed to ...	…することになっている
366 stuck	立ち往生した，動かない

Key Phrase: Our flight was canceled.

私たちの便はキャンセルになりました。

飛行機の便が欠航となる場合には，be canceled を使います。その原因を言いたい時には，due to ～や because of ～を，前か後ろに加えて説明します。天気が原因の場合，'～'には，rain（雨），snow（雪），storm（嵐），typhoon（台風），snowstorm（吹雪）などを入れます。もちろん，天気以外の原因の場合にも使えます。

例 Our flight was canceled due to mechanical failure.
（私たちの便は，航空機の機械系統の故障のため，欠航となりました。）

Topic Words — 飛行機の欠航の理由を伝える時に使える表現

No.	表現	意味
367	storm	嵐
368	snowstorm	吹雪
369	thunderstorm	激しい雷雨
370	tornado	竜巻
371	hurricane	ハリケーン
372	dense fog (heavy fog)	濃霧
373	bad weather	悪天候
374	mechanical trouble	機材故障
375	poor visibility	視界不良

自分が使う表現を書きこみましょう。

Topic 4 旅行 | Unit 14

Key Phrase: I learned an important lesson.

私は重要な教訓を得ました。

learn a lesson で「教訓を得る」という意味になります。ここでは、important を入れて、「大切な、重要な」というニュアンスを加えています。lesson のあとに from 〜と入れて「〜から学んだ」という内容をつけ加えることもできます。

例 I learned a great lesson from Steve Jobs' speech.
（スティーブ・ジョブズのスピーチから、大切な教訓を得ました。）

Topic Words 「〜の教訓を得る」という時に使える表現

I learned a (an) _____ lesson.

空所にあてはめて言ってみましょう。

376 useful	有益な
377 valuable	貴重な
378 bitter	苦い
379 fundamental	基本的な
380 essential	本質的な

自分が使う表現を書きこみましょう。

STEP 2　旅行の苦い思い出についての質問に答えられるようになろう

What's your worst experience traveling in Japan?

日本国内の旅行の最悪の思い出は何ですか。

That would be my trip to Hokkaido. Our flight was canceled because of a huge typhoon.

北海道への旅行かな。大きな台風のせいで飛行機が欠航になってしまったんです。

What did you do after your flight was canceled?

飛行機が欠航になったあと，どうしたんですか。

There was nothing we could do. We just waited for the typhoon to pass.

できることは何もなかったです。ただ台風が通過するのを待ちました。

Words

381	experience	経験
382	wait for ~	~を待つ

Topic 4 旅行 | Unit 14

Did you take the next flight?
次の便に乗れましたか。

I wanted to, but the weather didn't get better.
そうしたかったんですけれど，天気が回復しなくて。

Did you have to cancel the whole trip?
旅行自体をキャンセルしなくてはならなかったのですか。

Yes. But for a different reason…
はい。でも理由は（台風とは）別のことなんですけどね…。

STEP 3 エピソードを交えて旅行の苦い思い出を伝えながら会話をつづけられるようになろう

新幹線の車中，旅行の思い出を話している2人

T: What's your worst experience traveling in Japan?

国内旅行の最悪の思い出って何？

M: Well, that would be my trip to Hokkaido.

そうねえ，北海道への旅行かな。

T: What happened in Hokkaido?

北海道で何があったの？

M: Actually, we didn't make it to Hokkaido.

実のところ，北海道にたどり着けなかったのよ。

T: What do you mean?

どういうこと？

M: A huge typhoon hit Tokyo on the day my ex and I were supposed to leave. Our flight was canceled.

前の彼氏と北海道に行くはずの日に，大きな台風が東京を直撃したの。飛行機も欠航になっちゃって。

Topic 4 旅行 | Unit 14

T: That's too bad.

それは残念だったね。

M: Yeah. But that's not the worst part. The worst part is that my boyfriend broke up with me right there at the airport!

うん。でも最悪なのはそこじゃないのよ。最悪だったのは，その空港で彼氏にフラれたことよ！

Words

383	actually	実のところ
384	make it to ~	~へ到着する
385	That's too bad.	それは残念だ〔お気の毒に〕
386	break up with ~	~と別れる

Unit 15 旅行
I've visited eighteen countries so far.
私はこれまでに18カ国を訪れたことがあります。

STEP 1　これまでに訪れたことのある国について話したいことをまとめよう

これまでメグが旅行してきた国の中で、一番の思い出は数年前に行ったイスラエル

I've visited eighteen countries so far. The one I liked best was Israel. People were very nice there. Once, I left my wallet and passport in a restaurant. I was so upset. I thought I wouldn't be able to go home. But some nice lady found it and took it to the embassy!

The guys in Israel were really gorgeous, too. They have olive skin and beautiful green eyes. I could sit there and look at them all day long!

CAN-DO
- ☑ 最高だった旅行の思い出について語れる
- ☑ 一番気に入った旅行地のことをおもしろく伝えられる

　私はこれまでに 18 カ国を訪れたことがあります。一番気に入ったのはイスラエル。人がとても親切なんです。一度お財布とパスポートをレストランに忘れてしまって，すごく落ち込みました。もう日本に帰れないと思ったんです。でも心優しい女性が見つけて大使館に届けてくれたんですよ！

　イスラエルの男性もとてもすてきでした。オリーブ色の肌に美しいグリーンの瞳。そこに座って一日中眺めていられるくらい！

Words

387 so far	今までのところでは
388 wallet	財布
389 upset	取り乱す，うろたえる
390 embassy	大使館
391 gorgeous	すてきな，かっこいい
392 all day long	一日中

Key Phrase: I've visited eighteen countries so far.

私はこれまでに 18 カ国を訪れたことがあります。

主語 + have〔has〕visited ~（so far）で「（これまでに）~を訪れたことがある」という意味です。ここでは口語表現なので，I have visited が I've visited と短縮された形になっています。so far はなくてもかまいません。主語が he または she の場合は，続く have が has になることに注意しましょう。visited のあとには，国名や地域名だけでなく，観光地や建築物の名前なども入れることができます。

例 She's visited Tahiti before.
（彼女はタヒチを訪れたことがあります。）

Topic Words — 訪れたことのある場所を伝える時に使える表現

393 world heritage	世界遺産
394 national park	国立公園
395 museum	博物館
396 art museum	美術館
397 theater	劇場
398 castle	城
399 palace	宮殿
400 cathedral	聖堂
401 church〔chapel〕	教会

自分が使う表現を書きこみましょう。

Topic 4 旅行 | Unit 15

Key Phrase

I was so upset.

すごく落ち込みました。

upset は「動揺して，落ち込んで，腹を立てて」という意味の形容詞です。so は very と同じような強調の役目をしています。旅をしていると，いろいろなことが起こりますね。楽しいことばかりではないでしょう。こういった正直な感想を伝えられるようになるといいですね。ここでは，ネガティブな心情を表す形容詞を紹介します。

Topic Words　ネガティブな心情を表す時に使える表現

I was so _____ .

空所にあてはめて言ってみましょう。

402	sad	悲しい
403	angry	怒った
404	furious	激怒した
405	down	落ち込んだ
406	blue	元気のない，落胆した
407	gloomy	憂鬱な
408	frustrated	いらいらした
409	irritated	いらいらした

自分が使う表現を書きこみましょう。

STEP 2 海外旅行の思い出に関する質問に答えられるようになろう

How many countries have you visited so far?
これまで何カ国を訪れたことがありますか。

I've visited eighteen countries. I loved each and every one of them!
18カ国です。どの国もとても素晴らしかったです！

Which country did you like best?
どの国が一番気に入りましたか。

I liked Israel best. The men were really cute! I was drawn to their beautiful eyes.
イスラエルですね。男の人がとてもキュートだった！ 美しい瞳に吸い込まれてしまいました。

Words

| 410 each and every one of ~ | ~の一つ一つ |
| 411 be drawn into ~ | ~に引き込まれる |

Topic 4 旅行 | Unit 15

What did you like about Israel?
イスラエルの何がよかったですか。

I liked the Israeli people so much. They were very kind. I want to go back there soon.
イスラエルの人をとても好きになりました。すごく親切でした。早くまた行きたいなあ。

Why do you like traveling so much?
なぜ旅行がそれほど好きなんですか。

Because I get to meet new people, experience different cultures, and learn new things.
新しい人に出会ったり、異文化に触れたり、新しいことを学んだりすることができるからです。

STEP 3 思い出に残る旅行地について会話をつづけられるようになろう

話はメグの思い出の国，イスラエルのことに

T: Which country do you like best?

一番好きな国はどこ？

M: Hmm, if I have to pick one, it's Israel.

うーん，一つ選ぶとしたら，イスラエルかな。

T: Why?

なんでイスラエルなの？

M: Well, the people were very nice. And the men were really gorgeous. They were all like supermodels. I could sit there and look at them all day long.

だって，人が親切だし。それに男性がすごくかっこいいの。みんなスーパーモデルみたいなのよ。そのへんに座って一日中眺めていられるくらい。

T: Is that right?

そうなんだ。

M: Yeah. Oh, but that's not the reason I like Israel.

うん。あ，でもイスラエルが気に入った理由はそこじゃないわよ。

Topic 4 旅行 | Unit 15

T: Really?

本当に？

M: Yeah, the food was really good. Have you heard of tagine stew? It's awesome.

もちろん。食事もおいしかったし。タジン鍋料理って知ってる？ 最高なんだから。

Words

| 412 | reason | 理由 |
| 413 | awesome | すごい，とてもいい |

Unit 16 旅行
I had a horrible experience in Morocco.
モロッコではひどい経験をしました。

STEP 1　海外旅行先でのトラブルについて説明したいことをまとめよう

海外旅行では思いもよらないつらい経験もしばしば…

I had a horrible experience in Morocco. It is a beautiful country. Everything was great except that I got very sick the last two days…

I think it was the salad I ate at a restaurant. All I can remember is looking at the bottom of the toilet in my hotel room. I thought I was going to die alone in a foreign country. On the last day, I got a shot, and I got better and made it home. I learned my lesson again; be careful of food poisoning!

CAN-DO

☑ 旅行先でのトラブルについて語れる
☑ 旅行先でのトラブルの詳細について語れる

　モロッコではひどい経験をしました。モロッコは美しい国で，すべてが最高でした。最後の2日間，すごく具合が悪くなった以外は…。

　レストランで食べたサラダが原因ではないかと思います。今となっては，ホテルの部屋でトイレの底を見ていたことしか思い出せません。外国でひとりぼっちで死んでしまうんじゃないかと思いました。最後の日に注射を打ってもらったらよくなって，日本に帰ってくることができました。また大切な教訓を得ました。食中毒に注意！

Words

414	horrible	恐ろしい
415	except that ...	…ということを除いて
416	get a shot	注射を打ってもらう
417	get better	よくなる，快方に向かう
418	be careful of ~	~に気をつける
419	food poisoning	食中毒

Key Phrase: I had a horrible experience in Morocco.

モロッコではひどい経験をしました。

have a 〜 experience で,「〜な経験をする」という意味になります。'〜' のところに自分の状況に合った形容詞を入れて表現します。ここでは「最悪な,ひどい」という意味をもつ horrible が入っていますが,もちろんポジティブな形容詞を入れることもできます。その経験をした場所を加えたい際には,in(または at)〜 と表現します。

例 I had a fabulous experience at the bookstore. I shook hands with Lady Gaga!
（あの本屋さんで最高の経験をしたんです。レディ・ガガと握手したんですよ！）

Topic Words　経験を伝える時に使える表現

420 terrible	ひどい,怖い
421 negative	ネガティブな
422 bad	悪い,ひどい
423 miserable	悲惨な,むごい
424 dreadful	恐ろしい,怖い
425 shocking	衝撃的な
426 unbelievable	信じられない

自分が使う表現を書きこみましょう。

Topic 4 旅行 | Unit 16

Key Phrase: Everything was great except that I got very sick the last two days.

最後の2日間，すごく具合が悪くなった以外は，すべてが最高でした。

接続詞の except は，except that ...の形で使われ，「…ということを除いて」という意味になります。except は前置詞としてすぐ後ろに名詞を続けることもでき，「〜を除いては」という意味になります。

例 I love everything about you except your table manners.
（あなたのすべてが好きよ。テーブルマナーを除いてはね。）

海外旅行中はメグのようにいつ体調を崩すともわかりません。自分の症状を伝えられるように以下の表現を覚えておきましょう。

Topic Words | 体調を伝える時に使える表現

#	英語	日本語
427	stomachache	腹痛
428	sore throat	のどの痛み
429	runny nose	鼻水
430	fever	熱
431	cough	せき
432	diarrhea	下痢
433	allergies	アレルギー
434	heartburn	胸やけ

自分が使う表現を書きこみましょう。

STEP 2

旅行先で起きたトラブルについての質問に答えられるようになろう

Have you visited any African countries?
これまでアフリカの国を訪れたことはありますか。

Yes, I've visited Morocco and Kenya before. In Kenya, I saw many wild animals.
はい,モロッコとケニアに行ったことがあります。ケニアでは,野生動物をたくさん見ました。

How was Morocco?
モロッコはいかがでしたか。

It was beautiful. But I had a bit of an experience there.
美しい国でした。ただ,モロッコではちょっとした経験をしたんですけどね。

Words

| 435 a bit of ~ | ちょっとした~ |

Topic 4 旅行 | Unit 16

What happened?
何があったんですか。

I had a salad for lunch and got very sick. I was going to go ride a camel that day, but I couldn't.
ランチにサラダを食べて，おなかを壊してしまいました。その日は，ラクダに乗りにいく予定だったのですが，行けませんでした。

Did you make it home OK?
無事に日本に帰れたんですか。

Yes, I managed somehow. I'm glad my friends didn't leave me in Morocco.
はい，何とか帰ることができました。友達にモロッコに置いていかれなくてよかった。

Words

436	camel	ラクダ
437	manage	何とか成し遂げる
438	be glad (that) ...	…ということをうれしく思う

STEP 3 旅行先でのトラブルに触れながら会話をつづけられるようになろう

新幹線で昼食をとりながら

T: Have you visited any African countries?

アフリカの国を訪れたことはある？

M: I've been to Morocco once. It was beautiful. But I got very sick there.

モロッコに一度行ったことがあるわ。美しい国だった。でもそこですごく体調が悪くなっちゃって。

T: What happened?

どうしたの？

M: I think it was the salad I ate that day. I started feeling really nauseous.

その日に食べたサラダのせいだと思うの。吐き気がひどくなって。

T: That must have been horrible.

それは大変だっただろうね。

M: It was. I was running back and forth between the bed and the bathroom. All I can remember is looking at the bottom of the toilet.

うん。ベッドとトイレを何度も行き来してた。今となっては、トイレの底を見てたことしか思い出せない。

Topic 4 旅行 | Unit 16

T: I'm sorry to hear that.

それはつらかったね。

M: Yes. （我に返って）Oops, I shouldn't talk about this while you are eating. Sorry…

本当に。あ、食べてる時にこんな話しちゃいけないわよね。ごめん…。

Words

| 439 nauseous | 吐き気がする |
| 440 back and forth | 行ったり来たりして |

英語スピーキング講座 ④

まずは音読から

　個人差はありますが，1分間といっても結構なワード数になります。日本の初級レベルの学習者であれば，50～100 words 程度でしょう。

　それだけの分量の英文に論理的な流れをつくった上で，相手が興味を持つ情報も織り交ぜるのは，ちょっとハードルが高いという方も大勢いらっしゃると思います。

　その場合，最初はモデルとなりうる英文を音読することから始めましょう。

　モデル文には自分のこととは違うことが書いてあるので違和感を覚えるでしょうが，あくまでモデルと割り切ってください。そしてモデルとなる音声を聞きながら音読することをおすすめします。

　音読は遠い昔から推奨されている指導法です。私の永年の友人で，「ジョイ・イングリッシュ・アカデミー」という英語学校を帯広で経営している浦島 久さんは，この音読指導法を取り入れ，多くの成果を出されています。

　初級者の場合はシャドウイングという同時通訳者養成のために編み出された練習法（活字を見ずにモデルとなる音声を聞きながらほぼ同時に言う）ではなく，音声を聞いた「あとに」，テキストを見ながらでいいので，大きな声ではっきりと英文を読み上げる練習を繰り返し行うことをおすすめします。

　そして，「覚えようとせずに音読する」ということがポイントです。

　では何回練習すればいいのか。

　「結果として覚えている状態になるまで」です。

Topic 5

恋愛・将来

Unit 17 恋愛・将来
I want to look nice for him.
彼のためにきれいにして行きたい。

STEP 1　デートの準備について伝えたいことをまとめよう

メグとトーマスが知り合ってもうすぐ1年半
メグにうれしい出来事が…

Thomas asked me out. He said he officially broke up with his girlfriend in Malaysia. He said that he wants to take me to a fancy restaurant. I don't usually go to places like that, so I don't know what to wear. But I want to look nice for him.

I asked Sara to be my stylist. She's taking me to her usual hair salon. And we'll go shopping for a dress. She knows everything a woman should know. I would be lost without her…

CAN-DO

☑ デートについて説明できる
☑ 初デートに関してアドバイスをもらうことができる

　トーマスにデートに誘われました。マレーシアにいる彼女とは正式に別れたそうです。すてきなレストランに連れていきたいって言ってくれました。普段そういうところに行かないから，何を着ていったらいいかわからなくて。でも彼のためにきれいにして行きたい。

　サラに，私のスタイリストになってくれるように頼みました。サラの行きつけの美容室に連れていってもらって，それから一緒にドレスを買いにいく予定。サラって，女性として知っておくべきことをすべて知っているのよね。彼女がいないと私，生きていけない…。

Words

| 441 officially | 正式に |
| 442 look nice | 魅力的に見える，見栄えがする |

Key Phrase: **Thomas asked me out.**

トーマスにデートに誘われました。

ask ＋〜（人）＋ out で、「〜を（デートに）誘う」という意味になります。デートだということをはっきりさせるには，Jessica asked him out on a date.（ジェシカは彼をデートに誘った。）のように on a date を後ろに加えます。「デートに行く」は go on a date と言い，また，デートの相手のことも date と言います。ここでは，人をデートに誘う表現を学びましょう。

例 Would you like to go out with me?
（僕とデートに行きませんか。）

Would you like to go on a date with me?
（私とデートしませんか。）

Can I ask you out?（デートに誘ってもいいかな。）

How about dinner with me tomorrow night?
（明日，僕とディナーはどうかな。）

Are you seeing anyone?
（今お付き合いしている人はいるんですか。）

Would you like to be my date for the party?
（一緒にパーティに行ってもらえませんか。）

I'm meeting my date at the cafe.
（カフェでデートの相手と待ち合わせをしています。）

Topic 5 恋愛・将来 | Unit 17

Key Phrase: We'll go shopping for a dress.

一緒にドレスを買いにいく予定です。

go shopping for ～で「～を買いにいく」という意味です。for のあとに買いたいものを入れて使います。ここでは，ファッションアイテムの語彙を紹介します。日本語になっているものも多いですが，アクセントと発音に注意して覚えましょう。

例 I'm going shopping for a mink coat because I won a lottery!
（宝くじに当たったから，ミンクのコートを買いにいくの！）

Topic Words — ファッションアイテムにまつわる表現

#	英語	日本語
443	skirt	スカート
444	pants	ズボン
445	shirt	シャツ
446	one-piece	ワンピース
447	suit	スーツ
448	sweater	セーター
449	sweatshirt	トレーナー
450	blouse	ブラウス
451	underwear	下着
452	scarf	マフラー
453	gloves	手袋

自分が使う表現を書きこみましょう。

STEP 2 デートや服装に関する質問に答えられるようになろう

Did he ask you out?
彼はあなたをデートに誘ったんですか。

Yes. He finally asked me out after he broke up with his girlfriend.
ええ。彼女と別れてから，ついにデートに誘われました。

What did you say when he asked you out?
彼がデートに誘った時に，何て答えたんですか。

I said "yes" right away. Should I have played hard to get?
すぐにイエスって言いました。じらした方がよかったかしら？

Words

| 454 right away | すぐに |
| 455 play hard to get | その気のないふりをする |

Topic 5 恋愛・将来 | Unit 17

Where is he taking you on your date?
彼はどこにデートに連れていってくれるんですか。

He's taking me to an expensive restaurant. He said he wants to do it right, because it's our first official date.
高級レストランに連れていきたいって。2人の最初の正式なデートだから，ちゃんとしたいんだって言ってました。

What are you going to wear for your date?
デートでは何を着るんですか。

I haven't decided yet. I want to look nice, though.
まだ決めていません。きれいにして行きたいんですけどね。

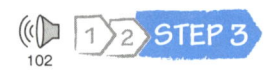

STEP 3 デートのことを相談しながら会話をつづけられるようになろう

メグが再びサラに助けを求めて電話をかけている

M: I need your help again.
また助けてほしいことがあるの。

S: Sure. What is it this time?
もちろん。今度は何？

M: Thomas asked me out on a date. I want to look nice for him.
トーマスにデートに誘われたの。彼のためにきれいにしたくって。

S: He finally asked you out! That's great!
トーマスってば，やっとメグをデートに誘ったのね！ やったじゃない！

M: Yeah. But I don't know what to wear or what I should do with my hair.
うん。でも何を着たらいいかわからないし，髪もどうしたらいいか。

S: Girl, don't worry. I'll help you!
メグ，心配ないわ。私にまかせて。

M: Thank you. You're a life saver!
ありがとう。命の恩人ね！

Topic 5 恋愛・将来 | Unit 17

S: Oh, don't mention it. Make sure you don't drink too much on your date. You do that when you're nervous…

いいわよ。ただ，デートで飲みすぎちゃだめよ。メグは緊張すると飲みすぎるから…。

Words

| 456 life saver | 命の恩人 |
| 457 Don't mention it. | どういたしまして |

Unit 18 恋愛・将来
Fashion is just not my thing.

ファッションってとにかく私の得意分野じゃないんです。

STEP 1 › 2 › 3   ファッションの好みについて伝えたいことをまとめよう

トーマスとのデートに向けて，メグとサラは買い物へ

I don't spend much time reading fashion magazines or researching what's in style. Fashion is just not my thing. But I don't mind dressing up sometimes for special occasions like a friend's wedding or girls' night out.

I'm buying a dress with Sara today. I want something tasteful and stylish. I hope Thomas looks at me and thinks that I'm pretty.

CAN-DO

- [x] ファッションの好みについて話ができる
- [x] 服の好みを伝えながら，買い物の会話をつづけられる

　ファッション誌を読んだり，流行をチェックしたりすることに，そんなに時間を使ったりしません。ファッションってとにかく私の得意分野じゃないんです。でも特別な時にドレスアップするのは嫌いじゃないです。例えば友達の結婚式とか，女友達と夜遊びする時とか。

　今日はサラに付き合ってもらってドレスを買います。品があっておしゃれなものが欲しいな。トーマスが私を見て，きれいだって思ってくれるといいけど。

Words

458	spend ~ ...ing	…して~（時間）を過ごす
459	in style	流行の
460	mind ...ing	…するのをいやだと思う
461	dress up	ドレスアップする，着飾る
462	occasion	行事，出来事
463	night out	夜遊び，夜の外出
464	tasteful	趣味のよい

Key Phrase: Fashion is just not my thing.

ファッションってとにかく私の得意分野じゃないんです。

one's thing で「〜の得意分野，〜に向いていること〔好きなこと〕」という意味になります。ここでは not my thing と否定の形になっているので，「得意でない分野＝苦手分野」ということになります。

例 Clubs are not really my thing. They're too loud.
（クラブってあんまり得意じゃないわ。騒がしすぎて。）

メグは友達の結婚式や夜遊びの時におめかしをすると言っていますね。そういった special occasion を英語で紹介します。

Topic Words （おめかしが必要な）特別な行事に関する表現

465	wedding (ceremony)	結婚式
466	wedding reception	結婚披露宴
467	reunion	同窓会
468	company (foundation) anniversary party	設立記念パーティ
469	welcome party	歓迎会
470	farewell party	送別会
471	year-end party	忘年会
472	New Year's party	新年会

自分が使う表現を書きこみましょう。

Topic 5 恋愛・将来 | Unit 18

Key Phrase: I want something tasteful and stylish.

品があっておしゃれなものが欲しいな。

want は「〜が欲しい」という意味の動詞です。この something がドレスを指していることは文脈からわかるので，something tasteful and stylish で「品があっておしゃれなドレス」という意味になります。something のあとにさまざまな形容詞を入れて，自分が欲しいファッションアイテムのテイストを伝えることができます。

例 I'm looking for a tie for my husband. I want something unique.
（夫のネクタイを探しています。個性的なのがいいんですけれど。）

Topic Words — 希望するテイストを伝える時に使える表現

I want something _____.

空所にあてはめて言ってみましょう。

#	英語	日本語
473	bright	明るい色の
474	dark	暗い色の
475	formal	きちんとした，正装の
476	sexy	セクシーな
477	pretty	かわいい，すてきな
478	smart	あか抜けた
479	casual	カジュアルな
480	classic	クラシックな

自分が使う表現を書きこみましょう。

STEP 2　ファッションの好みに関する質問に答えられるようになろう

Do you spend any time reading fashion magazines?
ファッション誌を読むのに時間を割きますか。

Not at all! I would rather read about sake and wine.
全然！　それより、お酒やワインのことを読む方がいいですね。

Do you like dressing up?
ドレスアップするのは好きですか。

Yes, I do. It feels nice to dress up and look pretty once in a while.
はい、好きですよ。たまにはドレスアップして、きれいになるのって気分がいいです。

Words

| 481 would rather | …する方がよい |

Topic 5 恋愛・将来 | Unit 18

What kind of dress do you have in mind?
どんなドレスを(買おうと)考えていますか。

I want something conservative. Do you have what I'm looking for?
派手じゃないのがいいんですけど。私が探しているようなものはありますか。

You look great in that dress!
そのドレス、とてもお似合いですね。

Thank you. My friend picked it out for me.
ありがとうございます。友達が選んでくれたんです。

Words

| 482 conservative | 地味な、保守的な |
| 483 look for ~ | ~を探す |

STEP 3 服の好みを伝えながら買い物の会話をつづけられるようになろう

ドレスを買いにきたメグとサラ

S: What kind of dress do you have in mind?

どんなドレスにしようと思ってるの？

M: I want something tasteful. I don't want anything loud or revealing.

品があるのがいいな。派手なのとか，露出が多いのはいやなの。

S: How about this one? You look great in blue.

これなんかどう？ メグはブルーが似合うもの。

M: I don't know. Maybe, that's too much for me. I want something simpler.

どうかな。ちょっと行きすぎかな。もっとシンプルなのがいい。

S: How about this? This is tasteful.

これはどう？ これなら上品でしょう。

M: Yeah, that might work. I'm not sure I can fit into it, though. I really should cut back on beer…

うん，それいいかも。でもそれ，入るかな。私ったら本当にビールを減らさなきゃだめね…。

S: Just try it on!

いいから着てみて！

M: OK, I'll give it a try.

わかった，試しに着てみる。

Topic 5 恋愛・将来 | Unit 18

試着室で着替えるメグ

M: There, I got it on. But I won't be able to eat anything if I wear this dress…

見て、着られた。でもこれを着たら何も食べられないわよ…。

484	loud	派手な
485	revealing	露出度の高い
486	fit into ~	~に収まる〔合う〕
487	cut back on ~	~を控える
488	try ~ on〔try on ~〕	~を試着する
489	give ~ a try	~を試してみる

163

Unit 19 恋愛・将来
Time really flies.
時が経つのは本当に速いわ。

STEP 1 将来の展望について話したいことをまとめよう

トーマスとのお付き合いが順調に進もうとしている中，メグについに異動の辞令が…

Thomas and I are going to go see the cherry blossoms tonight. I can't believe it's been a year and a half since we first met. Time really flies.

My company is finally transferring me overseas. The timing couldn't be worse, because things are finally getting serious with Thomas. But working overseas has been my dream since high school. I can't give it up so easily. I have to talk to Thomas about this tonight.

CAN-DO
- ☑ 将来の展望について話ができる
- ☑ 相手に配慮しながら，大切な話を切り出すことができる

　今夜はトーマスと桜を見にいきます。初めて会ってからもう1年半なんて，信じられません。時が経つのは本当に速いわ。

　会社からついに海外勤務の辞令が出ました。これ以上ないっていうほど最悪のタイミング。やっとトーマスとのお付き合いが本格的になってきたところなのに。でも海外で働くことは，高校時代から私の夢でした。そんなに簡単にはあきらめられません。今夜トーマスにこのことを話さないといけません。

Words

490	cherry blossoms	桜の花
491	get serious with ~	~と真剣に付き合う

Key Phrase: Time really flies.

時が経つのは本当に速いわ。

Time flies. は「時が過ぎるのは速い」という意味の saying（ことわざ）です。日本の「光陰矢の如し」と同意です。ここでは really を使って，意味を強めています。会話の中でさりげなくこういったことわざを言えるようになると，かっこいいですね。ここでは人間関係にまつわる英語のことわざを紹介します。声に出して言ってみましょう。

例 Love is blind.（恋は盲目。）
A friend in need is a friend indeed.
（まさかの時の友こそ真の友。）
A friend to all is a friend to none.（八方美人頼むに足らず。）
As the boy, so the man.（三つ子の魂百まで。）
Birds of a feather flock together.（類は友を呼ぶ。）
Birth is much, but breeding is more.（氏より育ち。）
Love sees no faults.（あばたもえくぼ。）
Manners know distance.（親しき仲にも礼儀あり。）
Out of sight, out of mind.（去る者は日々に疎し。）
Out of the mouth comes evil.（口は災いの元。）
So many men, so many minds.（十人十色。）
Talk of the devil and he will appear.（うわさをすれば影。）
There is no accounting for taste.（たで食う虫も好き好き。）

The timing couldn't be worse.

これ以上ないっていうほど最悪のタイミング。

couldn't be worse で「これ以上悪くなりえない」、つまり「最悪」という意味になります。反対に、「これ以上よくなりえない」という場合は、couldn't be better と言います。タイミングについてだけではなく、状況やその他の物事にも使い回せる表現です。

例 The situation couldn't be worse.（最悪の状況です。）
Things couldn't be better.（最高ですね。）
How are you? — I couldn't be better.
（調子はいかがですか。 — この上なくいいです。）

STEP 2   恋と仕事の行方に関する質問に答えられるようになろう

What are you going to do tonight?
今夜はどんなご予定ですか。

We're going to go see the cherry blossoms. I hope they're in full bloom.
桜を見にいきます。満開になってるといいんだけど。

How long has it been since you two first met?
お二人の最初の出会いからどのくらい経ったのですか。

It's been almost a year and a half. I cherish every moment I've spent with him.
ほぼ1年半が経ちました。彼と過ごしたすべての瞬間をいとしく思います。

Words

492 in full bloom	満開で
493 cherish	～(思い出など)を心に抱く〔持ち続ける〕

Topic 5 恋愛・将来 | Unit 19

> Do you know if you're transferring yet?
> 異動になるかわかりましたか。

> Yes, I just heard today. To be honest, I'm happy and confused at the same time.
> はい。ちょうど今日聞きました。正直なところ、うれしいのと同時に混乱しています。

> What do you think Thomas will say about it?
> トーマスは海外転勤について、何と言うでしょうか。

> I have no idea. I don't even know what to think myself.
> まったくわかりません。私自身だって頭が真っ白なんです。

Words

| 494 confused | 困惑した，混乱した |

STEP 3 好きな人に大切な話を切り出せるようになろう

仕事終わり，桜を見にきたメグとトーマス

T: Hey, I'm sorry I'm late. I got caught up with work.

やあ，遅くなってごめん。仕事が立て込んじゃって。

M: No problem. It's beautiful out here.

気にしないで。ここはきれいね。

T: Yes, it is. I can't believe it's been a year and a half since I came to Japan.

本当だね。日本に来てから1年半も経つなんて信じられないよ。

M: Yeah, time really flies. Look, Thomas. There's something I have to tell you.

ええ，本当にあっという間ね。ねえ，トーマス。あなたに話さなきゃいけないことがあるの。

T: What is it?

何？

Topic 5 恋愛・将来 | Unit 19

M: Oh, I don't know how to tell you this. My company wants to transfer me.

ああ，あなたに何て話したらいいかわからない。会社から異動辞令が出たのよ。

T: Where to?

どこへ？

M: Singapore. I'm supposed to leave next month. And I have to give my boss an answer next week.

シンガポールよ。来月には発つことになる。それで，来週中に上司に返事をしないとならないの。

Words

495 get caught up with ~　　　～に忙殺される

Unit 20 恋愛・将来
I couldn't give up my dreams without trying.

挑戦せずに夢をあきらめることはできなかった。

STEP 1 ▶ 2 ▶ 3 自分が決断したことについて伝えたいことをまとめよう

いよいよ出発の日
さまざまな想いを胸に2人は空港へ

I'm at the airport with Thomas. It's time for me to leave. He's a wonderful guy. We had a great time together. I could really see a future for us. But I couldn't give up my dreams without trying. He understands.

We decided to try a long distance relationship for a while. No matter what happens between us from now on, I want to live my life to the fullest. And I want him to do the same.

CAN-DO
- ☑ 自分が決断したことについて説明できる
- ☑ 恋人と離ればなれになる時に気持ちを伝え合うことができる

　トーマスと空港にいます。もう出発の時間です。トーマスは素晴らしい男性です。かけがえのない時間をともに過ごしました。彼との関係に未来が見えました。でも挑戦せずに夢をあきらめることはできなかった。トーマスも理解してくれています。

　しばらく遠距離恋愛を試してみようということになりました。これから私たちの間に何があっても，私は自分の人生を精一杯生きたい。そしてトーマスにもそうしてほしいと思います。

Words

496	long distance relationship	遠距離恋愛
497	for a while	しばらくの間
498	no matter ...	たとえ…でも
499	from now on	今後

Key Phrase: It's time for me to leave.

もう出発の時間です。

It's time for ~(人) to ... は「~が…する時間だ」という意味の構文です。for ~の部分を省略することも可能です。ここでは,「去る,発つ」という意味の leave という動詞を使って,メグが「もう出発の時間だわ」と言っていますね。

例 It's time (for you) to grow up now.
(そろそろ(君も)大人になったらどうか。)
Maybe it's time for me to forget him.
(彼を忘れる時が来たのかもしれない。)

別れにまつわる表現もさまざまなものがありますので,ご紹介します。

Topic Words — 別れにまつわる表現

500 get over ~	~を吹っ切る〔忘れる〕
501 be over ~	~を忘れる〔吹っ切る〕
502 leave	~(人のもと)を去る
503 break〔split〕up with ~	~と別れる
504 break things off with ~	~と別れる〔縁を切る〕
自分が使う表現を書きこみましょう。	

Topic 5 恋愛・将来 | Unit 20

Key Phrase: I want to live my life to the fullest.

私は自分の人生を精一杯生きたい。

fullest は,「いっぱいの, 満ちた」という意味をもつ full（形容詞）の最上級の形です。full-fuller-fullest と変化します。To the fullest で,「精一杯に, 最大限に」という意味を表します。

例 I want to enjoy this moment to the fullest.
（この瞬間を目一杯楽しみたい。）

自分の人生を精一杯生きたい, と願うメグ。あなたはどういう人生を生きたいですか。自分にあてはめて言ってみましょう。

Topic Words — 人生について語る時に使える表現

I want to live my life _____ .

空所にあてはめて言ってみましょう。

#	表現	意味
505	in comfort	気楽に, 気ままに
506	in my own way	自分のペースで
507	with integrity	誠実に
508	with honesty	正直に
509	with passion	情熱的に
510	in obscurity	ひっそりと
511	in peace	平和に
512	with intensity	激しく

自分が使う表現を書きこみましょう。

175

STEP 2 自分が決めたことと今の気持ちに関する質問に答えられるようになろう

Are you sad to leave?
日本を発つのは寂しいですか。

Yes. But I have to do this. Or I'm going to regret it for the rest of my life.
はい。でもこうするしかないんです。じゃないと,一生後悔してしまいそうで。

Did you see a future for you and him?
二人の将来は見えましたか。

Yes. That's why it was really hard to make this decision.
はい。だからこそ,この決断をするのがつらかったんです。

Words

| 513 regret | ～を後悔する |

Topic 5 恋愛・将来 | Unit 20

Do you think a long distance relationship can work?
遠距離恋愛って，続くと思いますか。

I believe so. Distance doesn't matter when two people are in love.
そう思います。恋をしている二人には，距離は問題じゃありません。

How would you like to live your life?
自分の人生をどのように生きていきたいですか。

I always want to live as if today were the last day of my life.
常に今日が人生の最後の日であるかのように生きたいと思っています。

STEP 3 恋人に感謝と別れの言葉を伝えられるようになろう

空港で飛行機を待つ二人

M: Thank you for everything, Thomas. I'll miss you.

トーマス，いろいろとありがとう。寂しくなるわ。

T: I'll miss you, too.

僕もだよ。

M: Life is full of surprises, you know. You were just a colleague a year ago. I didn't dream this was going to happen.

人生って驚きの連続ね。1年前，あなたはただの同僚だったのに。こんなことになるなんて，夢にも思わなかったわ。

T: Me, neither. It's been wonderful, Meg.

僕もだよ。楽しかったよ，メグ。

M: Thomas, no matter what happens between us, please live your life to the fullest. I'll do the same. Life is too short.

トーマス，これから私たちの間に何があっても，人生を精一杯生きてね。私もそうするから。人生は短いんだから。

T: Yes. But who knows, I might end up working in Singapore, too. I already requested a transfer.

うん。でも，わからないよ。僕も最終的にはシンガポールで働くことになるかもしれない。異動願いを出したからね。

Topic 5 恋愛・将来 | Unit 20

M: (驚いて) Really? I'll be waiting for you, Thomas. Oh! I have to go now.

本当に？ 待ってるわね、トーマス。あ、もう行かなきゃ。

T: I'm not going to say goodbye, Meg. I'll see you soon.

さよならは言わないよ、メグ。また会おう。

Words

| 514 | I'll see you soon. | またね |

英語スピーキング講座 ⑤

会話は将棋や囲碁と同じ

　スピーチのように一人で準備してあったことを語るのと違い，会話は展開が読めません。同じトピックでも，相手が変わり，状況が変われば，さまざまな展開を見せます。

　ですから，会話上手になるには，1分間程度語れるようになったトピックについて，どういう会話の展開になるかを考えておく必要があります。

　将棋，囲碁，チェスのように，「こう言ったら相手はこう言うだろうから，次はこう言う」のように先を読んで仮想練習をするのです。

　囲碁や将棋などの教本には定石（定跡）と呼ばれる「最善とされる打ち方」が掲載されています。その定石にあたるのが本書のダイアログ（会話文）です。

　将棋などの初級者がまずは定石通りに打つように，このモデル・ダイアログを練習し，（結果として）覚えることが会話上手への近道になります。ひとつのトピックに関してならば，会話の流れにある程度のパターンがあります。

　スラスラ言えるようになるまで一人で音読練習をし，暗記できたら，誰かに相手になってもらい，自分はテキストを見ずに練習をしましょう。

　そして，次にすべきことは，ダイアログの内容を自分に合うように一部変更するということです。例えば自己紹介がトピックであれば，出身地の地名を変える，仕事の内容を変える，などです。

　それもスラスラ言えるようになったら，次はそのトピックに関するオリジナルのダイアログを何本も書くとよいでしょう。こうやってシナリオライターのようなことまでできれば，そのトピックで会話についていけないということはなくなるでしょう。

　ご健闘を祈ります。

INDEX

● *Topic Words*

	あ		ページ
家族・友人	赤ちゃん	babies	57
ファッション	あか抜けた	smart	159
ファッション	明るい色の	bright	159
旅行	悪天候	bad weather	124
食事	甘い物	sweets	99
旅行	嵐	storm	124
旅行	アレルギー	allergies	141
自己紹介	家，一戸建て	house	22
家族・友人	医学	medicine	73
食事	いつもの	the usual	106
旅行	いらいらした	frustrated	133
旅行	いらいらした	irritated	133
家族・友人	インターネットで	online	64
食事	ウイスキーのロック	whisky on the rocks	107
家族・友人	受付係	receptionist	56
自己紹介	映画鑑賞	watching movies	38
自己紹介	営業部	Sales Department	15
家族・友人	英文学	English literature	73
旅行	オートバイ	motorcycle〔motorbike〕	116
食事	おかわり	refill	106
旅行	怒った	angry	133
家族・友人	幼なじみ	childhood friend	48
旅行	恐ろしい，怖い	dreadful	140
旅行	落ち込んだ	down	133
食事	お茶休憩	tea break	99
食事	驚くべき，素晴らしい	marvelous	91
食事	同じもの	the same	106
自己紹介	思いがけない災難	disasters	39
旅行	おもしろい，興味深い	interesting	117
食事	おやつ	snack	99

か

			ページ
家族・友人	介護士	caregiver	56
家族・友人	会社員	company employee	56
自己紹介	買い物	shopping	38
自己紹介	学生寮	student dormitory〔dorm〕	22
食事	カクテル	cocktail	98
自己紹介	家事	housework	39
ファッション	カジュアルな	casual	159
旅行	悲しい	sad	133
家族・友人	彼女	girlfriend	48
食事	唐揚げ	fried chicken	82
家族・友人	彼氏	boyfriend	48
自己紹介	過労	overwork	39
ファッション	かわいい，すてきな	pretty	159
家族・友人	考え方	way of thinking	49
ファッション	歓迎会	welcome party	158
旅行	記憶に残る，忘れられない	memorable	117
自己紹介	企画開発部	Planning and Development Department	15
旅行	危険の多い，冒険的な	adventurous	117
旅行	機材故障	mechanical trouble	124
旅行	貴重な	valuable	125
ファッション	きちんとした，正装の	formal	159
旅行	基本的な	fundamental	125
旅行	宮殿	palace	132
自己紹介	急騰している	soaring	23
旅行	教育的な，有益な	educational	117
旅行	教会	church〔chapel〕	132
家族・友人	共通の知人を通して	through a mutual friend	64
食事	今日のおすすめ	today's special〔special of the day〕	98
恋愛・将来	気楽に，気ままに	in comfort	175
自己紹介	銀行	bank	14
家族・友人	勤勉な	diligent	72

INDEX

家族・友人	クライアントを通して	through a client	64
ファッション	暗い色の	dark	159
ファッション	クラシックな	classic	159
家族・友人	クラスメイト	classmate	48
食事	グラスワイン	a glass of wine	107
食事	グラタン	gratin	82
家族・友人	経済学	economics	73
自己紹介	経理部	Accounting Department	15
旅行	劇場	theater	132
旅行	激怒した	furious	133
ファッション	結婚式	wedding (ceremony)	158
家族・友人	結婚仲介業者を通して	through a match-making service	64
ファッション	結婚披露宴	wedding reception	158
食事	傑出している，目立った	outstanding	91
旅行	下痢	diarrhea	141
自己紹介	県	prefecture	30
旅行	元気のない，落胆した	blue	133
家族・友人	謙虚な	humble	72
家族・友人	献身的な	devoted	72
自己紹介	建設会社	construction company	14
自己紹介	県庁所在地	prefectural capital	30
家族・友人	恋に落ちる	fall in love	65
自己紹介	郊外に住む	live in a suburb	30
自己紹介	広告会社	advertising company	14
家族・友人	講師〔インストラクター〕	instructor	56
自己紹介	高層賃貸マンション	high-rise apartment	22
自己紹介	広報部	Public Relations Department	15
家族・友人	国際関係論	international relations	73
家族・友人	国際政治学	international politics	73
旅行	国立公園	national park	132
家族・友人	好み	taste	49
家族・友人	コンピューター	computers	57

	さ		ページ
自己紹介	サーフィン	surfing	38
家族・友人	財政, ファイナンス	finance	73
家族・友人	才能	talent	49
自己紹介	財務部	Finance Department	15
自己紹介	散歩	taking a walk	38
自己紹介	市	city	30
旅行	視界不良	poor visibility	124
食事	自家製の	home-made	99
家族・友人	時間に正確な	punctual	72
家族・友人	仕事で	at work	64
家族・友人	仕事を通して	through work	64
家族・友人	システムエンジニア	systems engineer	56
自己紹介	史跡探訪	visiting historical places	38
ファッション	下着	underwear	151
食事	シチュー	stew	82
旅行	自転車	bicycle〔bike〕	116
自己紹介	自動車メーカー	automaker〔carmaker〕	14
恋愛・将来	自分のペースで	in my own way	175
自己紹介	姉妹都市	sister city	30
家族・友人	事務員	office clerk	56
自己紹介	ジムで運動すること	working out at the gym	38
家族・友人	ジャーナリズム	journalism	73
ファッション	シャツ	shirt	151
自己紹介	出版社	publishing company	14
旅行	衝撃的な	shocking	140
自己紹介	証券会社	securities company	14
家族・友人	正直な	honest	72
恋愛・将来	正直に	with honesty	175
食事	焼酎	shochu〔distilled spirit〕	107
家族・友人	情熱的な	passionate	72
恋愛・将来	情熱的に	with passion	175
自己紹介	情報システム部	Information Systems Department	15
自己紹介	将来への不安	anxiety about the future	39

INDEX

食事	食前酒	aperitif	98
家族・友人	知り合いになる	get acquainted	65
家族・友人	知り合いになる	get to know	65
旅行	城	castle	132
自己紹介	人事部	Personnel〔Human Resources〕Department	15
食事	信じられない	incredible	91
旅行	信じられない	unbelievable	140
旅行	心身を疲れさせる	exhausting	117
食事	ジントニック	gin and tonic	107
ファッション	新年会	New Year's party	158
家族・友人	親友	buddy	48
家族・友人	親友	close friend	48
家族・友人	心理学	psychology	73
家族・友人	数字	figures	57
ファッション	スーツ	suit	151
ファッション	スカート	skirt	151
食事	スコッチの水割り	scotch and water	107
家族・友人	頭脳	brains	49
食事	スパークリングワイン	sparkling wine	107
食事	素晴らしい	fantastic	91
食事	素晴らしい，荘厳な	magnificent	91
食事	素晴らしい，わくわくする	fabulous	91
自己紹介	スポーツ観戦	watching sports	38
ファッション	ズボン	pants	151
家族・友人	政治学	political science	73
家族・友人	誠実な	sincere	72
恋愛・将来	誠実に	with integrity	175
旅行	聖堂	cathedral	132
ファッション	セーター	sweater	151
旅行	世界遺産	world heritage	132
旅行	せき	cough	141
ファッション	セクシーな	sexy	159

ファッション	設立記念パーティ	company (foundation) anniversary party	158
ファッション	送別会	farewell party	158
自己紹介	総務部	Administration Department	15
家族・友人	そりが合う	see eye to eye	65

た

			ページ
自己紹介	高い	expensive	23
自己紹介	高い	high	23
旅行	タクシー	taxi	116
旅行	竜巻	tornado	124
食事	食べ放題〔バイキング〕	all-you-can-eat buffet	98
食事	卵焼き	fried egg〔rolled egg〕	82
自己紹介	単身赴任する〔家族と離れて暮らす〕	live away from one's family	31
旅行	地下鉄	subway	116
食事	昼食	lunch	99
食事	朝食	breakfast	99
自己紹介	賃貸マンション〔アパート〕	apartment	22
自己紹介	釣り	fishing	38
家族・友人	丁寧な	polite	72
食事	テキーラ	tequila	107
自己紹介	手頃な，適正な	reasonable	23
自己紹介	手の届く，手頃な	affordable	23
ファッション	手袋	gloves	151
自己紹介	転居する	move out	31
自己紹介	転校する	transfer to a different school	31
旅行	電車	train	116
食事	天ぷら	fritter〔tempura〕	82
自己紹介	電話会社	phone company	14
ファッション	同窓会	reunion	158
家族・友人	動物	animals	57
家族・友人	同僚	co-worker	48
自己紹介	都会に住む	live in an urban area	30
自己紹介	読書	reading books	38

INDEX

旅行	特急列車	express train	116
自己紹介	〜と同居する	live with 〜	31
家族・友人	友達になる	become friends	65
ファッション	トレーナー	sweatshirt	151
恋愛・将来	〜と別れる	break〔split〕up with 〜	174
恋愛・将来	〜と別れる〔縁を切る〕	break things off with 〜	174

な			ページ
家族・友人	仲よくなる，きずなが深まる	bond	65
食事	並外れた，驚くべき	extraordinary	91
旅行	苦い	bitter	125
自己紹介	〜に転勤する	transfer to 〜	31
食事	日本酒	(Japanese) sake	106
自己紹介	入居する	move in	31
旅行	ネガティブな	negative	140
旅行	熱	fever	141
旅行	濃霧	dense fog〔heavy fog〕	124
旅行	のどの痛み	sore throat	141

は			ページ
家族・友人	パーティで	at a party	64
旅行	博物館	museum	132
旅行	激しい雷雨	thunderstorm	124
恋愛・将来	激しく	with intensity	175
旅行	鼻水	runny nose	141
旅行	ハリケーン	hurricane	124
食事	ハンバーグ	hamburger steak	82
家族・友人	販売員	salesperson	56
食事	ビール	beer	106
自己紹介	低い，安い	low	23
旅行	飛行機	airplane〔plane〕	116
旅行	悲惨な，むごい	miserable	140
旅行	美術館	art museum	132
家族・友人	秘書	secretary	56

カテゴリ	日本語	English	ページ
食事	非常に優れた	excellent	91
自己紹介	引っ越す	move	31
恋愛・将来	ひっそりと	in obscurity	175
旅行	ひどい，怖い	terrible	140
家族・友人	人と接すること	people	57
自己紹介	一人暮らしをする	live on one's own	31
自己紹介	病気	illness	39
家族・友人	美容師	hairstylist	56
旅行	フェリー	ferry	116
家族・友人	部下	subordinate	48
旅行	腹痛	stomachache	141
食事	二日酔い	hangover	106
食事	ブッフェ	buffet	98
旅行	吹雪	snowstorm	124
ファッション	ブラウス	blouse	151
食事	ブランチ	brunch	99
食事	ブランデー	brandy	107
自己紹介	分譲マンション	condominium〔condo〕	22
恋愛・将来	平和に	in peace	175
家族・友人	～への興味	interest in ～	49
家族・友人	保育	childcare	73
ファッション	忘年会	year-end party	158
自己紹介	法務部	Legal〔Legal Affairs〕Department	15
自己紹介	法律事務所	law firm	14
自己紹介	ホテルの一室	hotel room	22
旅行	本質的な	essential	125

ま			ページ
家族・友人	マナー	manners	49
ファッション	マフラー	scarf	151
自己紹介	マンションの最上階	penthouse	22
食事	店のスペシャル料理	specialty	98
食事	みそ汁	miso soup	82
家族・友人	見た目，顔つき	looks	49

INDEX

旅行	胸やけ	heartburn	141
食事	メイン	main dish〔main course〕	98
食事	（その場の全員への）もう一杯	another round	106

や			ページ
家族・友人	薬（理）学	pharmacology	73
自己紹介	安い	cheap	23
家族・友人	やりくり	money	57
旅行	憂鬱な	gloomy	133
旅行	有益な	useful	125
食事	夕食	dinner〔supper〕	99

ら			ページ
家族・友人	ライバル	rival	48
食事	立派な，素晴らしい	brilliant	91
自己紹介	料理	cooking	38
自己紹介	老人ホーム	nursing home	22

わ			ページ
旅行	わくわくさせるような	exciting	117
旅行	悪い，ひどい	bad	140
ファッション	ワンピース	one-piece	151
食事	〜を揚げる	fry	90
恋愛・将来	〜（人のもと）を去る	leave	174
食事	〜をソテーする	saute	90
食事	〜を煮る〔ゆでる〕	boil	90
恋愛・将来	〜を吹っ切る〔忘れる〕	get over 〜	174
食事	〜をマリネにする	marinate	90
食事	〜を蒸す	steam	90
食事	〜を（オーブンなどで）焼く	bake	90
食事	〜を（網などで）焼く	grill	90
恋愛・将来	〜を忘れる〔吹っ切る〕	be over 〜	174

● Words

あ		ページ
アペタイザー（食前酒・前菜など）	appetizer	97
ある程度，ちょっと	kind of	53
アルミニウム合金	aluminum alloy	121
家	place	85
1時間あたり	per hour	121
一度に	at one time	105
一日中	all day long	131
行ったり来たりして	back and forth	145
命の恩人	life saver	155
今までのところでは	so far	131
色鮮やかな	colorful	103
引用，格言	quote	29
上から下まで	from top to bottom	37
うまくやる	put it off	100
遠距離恋愛	long distance relationship	173
恐ろしい	horrible	139
落ち着く	settle in	27
おっと，しまった	oops	103
驚くことだらけである，意外な面がたくさんある	full of surprises	121
驚くほどの，素晴らしい	amazing	89

か		ページ
海外で〔に〕	overseas	13
駆け引きする	play games	85
家庭で料理した	home-cooked	81
観光に行く	go sightseeing	115
看護師	nurse	51
完全に	completely	89
完璧に	perfectly	101
きちんと	neatly	97
きっと…に違いない	I'm sure ...	103

機能する	work	109
行事，出来事	occasion	157
教授	professor	69
興味をそそる	fascinating	43
協力的な	supportive	47
曲線状の	curved	118
巨大な	huge	123
きらめく	sparkle	43
経営学修士	MBA (Master of Business Administration)	71
経験	experience	126
結局…することになる	end up ...ing	37
喧騒	hustle and bustle	21
厳密に	exactly	59
交換留学プログラム	student exchange program	63
行動を起こす	make a move	95
国際連合	the United Nations	33
心の友，よきパートナー	soul mate	51
これまでに	ever	92
今後	from now on	173
困難な状態で	be in trouble	87
困惑した，混乱した	confused	169

さ		ページ
最高会計責任者	CAO (Chief Accounting Officer)	71
最後の仕上げ	final touch	103
最終的には	eventually	97
最新の	latest	115
財布	wallet	131
桜の花	cherry blossoms	165
殺気立った	frantic	21
寂しい	lonely	108
さらに	besides	21
自炊する	cook for oneself	89

実際は	in fact	43
知っているとおり	as you know	77
実のところ	actually	129
…して光栄です	It's a pleasure to …	16
…して〜（時間）を過ごす	spend 〜 …ing	157
しばらくの間	for a while	173
…しましょうか	Shall we …?	111
地味な，保守的な	conservative	161
事務の	clerical	35
自由に〔遠慮なく〕…する	feel free to …	87
主婦	housewife	47
趣味のよい	tasteful	157
上司	boss	13
正直に言うと	to be honest	43
常連客	regular customer	105
食中毒	food poisoning	139
職名，肩書き	title	75
女性らしい	feminine	58
新幹線	bullet train	115
神経をすり減らす	stress out	55
深刻な，重大な	serious	87
人生を楽しむ	get a life	58
心配する	worry	16
すぐに	immediately	63
すぐに	right away	152
すごい，とてもいい	awesome	137
すてきな，かっこいい	gorgeous	131
すべての	whole	69
…するかのように	as if …	33
…することに同意する	agree to …	89
…することになっている	be supposed to …	123
…することを決める	decide to …	63
…するだけの余裕がある	afford to …	21
…する時はいつでも	whenever	105

INDEX

…するのが怖い	be afraid of ...ing	118
…するのが得意だ	be good at ...ing	85
…するのをいやだと思う	mind ...ing	157
…する方がよい	would rather	160
生活費	cost of living	25
正式に	officially	149
成績	grade	59
(大学などの) ゼミ	seminar	63
その気のないふりをする	play hard to get	152
そのように	that way	105
ソムリエ	sommelier	43
それは残念だ〔お気の毒に〕	That's too bad.	129

た		ページ
大使館	embassy	131
大変な, ひどい	awful	21
確かに, 本当に	certainly	101
確かめる	make sure	84
訪ねてくる, 立ち寄る	come over	81
立ち往生した, 動かない	stuck	123
たとえ…でも	no matter ...	173
近い	close	21
力仕事	heavy lifting	58
中高年の	middle-aged	109
注射を打ってもらう	get a shot	139
ちょっとした〜	a bit of 〜	142
ついに, とうとう	finally	95
通勤者	commuter	21
通勤する	commute	24
〜で忙しい	be busy with 〜	58
デザート	dessert	97
〜で作られている	be made of 〜	121
…ということをうれしく思う	be glad (that) ...	143
…ということを除いて	except that ...	139

日本語	English	ページ
～と言えば	speaking of ～	61
～と一緒に来る	come along with ～	115
（お礼の言葉に対して）どういたしまして	Sure thing.	95
どういたしまして	Don't mention it.	155
どういった種類の～	what kind of ～	101
どうしたの？，どうしてる？	What's up?	95
同僚	colleague	13
時々	every once in a while	40
特に	especially	89
～と真剣に付き合う	get serious with ～	165
どちらとも言えない	yes and no	51
どちらにしても	either way	115
～とデートする，～と付き合う	date	50
どのくらいの頻度で…しますか	How often ...?	92
（飛行機で）飛ぶ	fly	118
途方に暮れた，道に迷った	be lost	93
ドラフトビール，生ビール	draft beer	111
取り乱す，うろたえる	upset	131
ドレスアップする，着飾る	dress up	157
～と別れる	break up with ～	129

な		ページ
泣く	cry	32
なるほど	I see.	111
何とか成し遂げる	manage	143
～に影響を受ける	be inspired by ～	33
～に収まる〔合う〕	fit into ～	163
～（学校）に通う	attend	29
～に気をつける	be careful of ～	139
～に緊張する	be nervous about ～	85
～に集中する	focus on ～	77
～に（交際相手などを）紹介する	fix ～ up〔fix up ～〕	69
～に昇進する	get promoted to ～	77

日本語	英語	ページ
〜に立ち寄る	make a side trip to 〜	121
〜に単刀直入に尋ねる	ask 〜 straight out	85
〜に富む	rich in 〜	13
〜に配属される	be assigned to 〜	71
〜に引き込まれる	be drawn into 〜	134
〜に忙殺される	get caught up with 〜	171
〜に満ちている	be full of 〜	29
〜に向かう途中である	on one's way to 〜	115
〜に夢中になる	be into 〜	43
〜に戻る	head back to 〜	27
熱心な	dedicated	71
〜のことを寂しく思う	miss	67
〜の世話をする	look after 〜	17
〜の速さで	as fast as 〜	121
〜の一つ一つ	each and every one of 〜	134
〜の方を好む	prefer	37
〜の面倒を見る	take care of 〜	13
…のような気がする	feel like ...	53
〜のように思われる	seem	35

は		ページ
吐き気がする	nauseous	145
〜はさておき	aside from 〜	77
派手な	loud	163
花を生ける〔アレンジする〕	arrange flowers	59
ひざ	knee	47
一人暮らしする	live alone	108
ひとりっ子	only child	61
仏教徒	Buddhist	81
フリーランスの	freelance	55
プレッシャー	pressure	85
プロ，専門家（professional の短縮語）	pro	93
〜へ到着する	make it to 〜	129

ま		ページ
またね	I'll see you soon.	179
マニア	maniac	121
満開で	in full bloom	168
見習い	apprenticeship	55
魅力的に見える，見栄えがする	look nice	149
昔の彼氏（ex のみも可）	ex-boyfriend	123
昔までさかのぼる	go way back	53
無駄になる	go to waste	55
珍しい	rare	97
めったに…しない	rarely ...	37
申し出	offer	87

や		ページ
（仕事・学校を）辞める	quit	55
勇敢な	brave	81
夜遊び，夜の外出	night out	157
よかったわね〔行為を褒めて〕立派なものだ〕	Good for you.	95
よくなる，快方に向かう	get better	139

ら		ページ
ラクダ	camel	143
理想の仕事	dream job	61
理由	reason	137
流行の	in style	157
レシピ	recipe	89
レビュー	review	37
露出度の高い	revealing	163

わ		ページ
若者文化	youth culture	115
〜を案内して回る	show 〜 around	19
〜を痛める	injure	47

INDEX

〜を追いかける	pursue	29
(嵐などが)〜を襲う	hit	123
〜を覚えている	remember	29
〜をがっかりさせる	disappoint	101
〜をキャンセルする	cancel	95
〜を共同で使用する	share	27
〜を後悔する	regret	176
〜(思い出など)を心に抱く〔持ち続ける〕	cherish	168
〜を探す	look for 〜	161
〜を試着する	try 〜 on〔try on 〜〕	163
〜を招待する	invite 〜 over	81
〜を所有する	own	50
〜を信じる	believe in 〜	53
〜を申請する	request	77
〜を信頼している	have confidence in 〜	77
〜を勧める	recommend	111
〜を育てる	raise	29
〜を卒業する	graduate from 〜	55
〜を台無しにする	ruin	69
〜(食事など)を出す	serve	105
〜を試してみる	give 〜 a try	163
〜を控える	cut back on 〜	163
〜を待つ	wait for 〜	126

MEMO

【音声吹き込み】　Lynn Harris（アメリカ）
　　　　　　　　Jon Mudryj（カナダ）
　　　　　　　　Emma Howard（イギリス）

会話がつづく！ 英語トピックスピーキング
Story 1 英語ではじめよう！編

初版第1刷発行	2014年3月10日
監修者・著者	松本茂
著者	今泉真紀
英文校閲	Robert Gaynor
	Hanna Tonegawa
発行人	藤井孝昭
発行	株式会社 Ｚ会ＣＡ
発売	株式会社 Ｚ会
	〒411-0943 静岡県駿東郡長泉町下土狩 105-17
	TEL 055-976-9095
	http://www.zkai.co.jp/books/
装丁	Concent, inc.
イラスト	今井夏子
録音・編集	一般財団法人 英語教育協議会（ELEC）
印刷・製本	図書印刷株式会社

© 松本茂 2014　★無断で複写・複製することを禁じます
定価はカバーに表示してあります
乱丁・落丁はお取り替えいたします
ISBN978-4-86290-138-5　C0082